通勤大学MBA 9

経済学

早稲田大学副総長・商学部教授
江夏健一＝監修
Kenichi Enatsu
グローバルタスクフォース（株）＝著
GLOBAL TASKFORCE K.K.

通勤大学文庫
STUDY WHILE COMMUTING
総合法令

まえがき

■なぜＭＢＡ経済学なのか

経済学は、ほとんどのＭＢＡコースにおいて日米欧を問わず必須になっています。コアコースが始まる前に経済の基礎を学び、さらに選択科目で経済の応用編を学ばせるところも少なくありません。

一流のビジネスマンは経済現象を自分の視点で見て、自分の頭で考える必要があります。そして経済学はその経済現象を自分の視点で見て、自分の頭で考える地図とコンパスを与えてくれます。そのため、トップマネジメントを育成するＭＢＡでは経済学が必須になっているのです。

それほど重要な経済学ですが、その重要さゆえ敷居が高いと感じて敬遠している人、さらには一度トライしてはみたものの消化できずに終わってしまったと感じている人が多いのも事実です。そこで本書では、ビジネスマンにとって必要な経済学は何かという観点から必要なエッセンスを厳選し、解説を加えました。わかりやすさと実際のビジネスへの応用度を重視したため、多くの経済学入門書で出てくるコンセプトであってもあえて割愛したものもあります。

■本書の構成

本書は、実際に読者の方の経済に関する本質的な理解を促し、体系的に学習できるように構成されています。

まず、第1章では経営と経済の関係を中心に述べます。とくに経済のモデルと経営のフレームワークについてはよく位置付けが混同されるので、その使い分けなども解説しました。また第2章と第4章は、ＭＢＡで学ぶマーケティングを考える基本となります。マーケティングでは製造コストとカスタマーバリューから価格戦略を考えますが、経済学の効用の概念を学ぶことにより、また違う見え方ができてくるはずです。

第3章の「生産の経済学」はＭＢＡの生産管理理論などに結びつくものであり、第5章の「景気の経済学」は企業の業績予測や事業計画策定には欠かせない要素です。また、第6章で取り上げる「政策の経済学」はＭＢＡの財務戦略と深くかかわってくるものです。どのような資金調達計画が最適なのかを考えるためには、政府の金融・財政政策への理解は欠かせないからです。

ビジネスのグローバル化が進む中においては、第7章の「グローバル経済学」で学ぶ貿易が起こる仕組みや為替の基本メカニズムは最低限の基本知識といえます。さらに第8章では長期的な日本経済の推移について述べますが、これは読者の方々が次の日本経済の動きを予測する助けになることと思います。なお、巻末には参考資料として主な経済指標についての解説も加えてありますので、参考および再確認をしてください。

また、章の途中にはコラムとして、欧米のビジネスマンとの会話にもよく出てくる主要な経済学者の学説などを、その背景とともに解説してあります。ミーティング時のみでなく、ビジネスディナーでの話題などにも活用してください。

経済学は本来、我々の日常やビジネスに最も近い学問の一つです。本書には、経済学のさまざまなコンセプトをビジネスと少しでも近づけて考えていただけるよう、多くのヒントがちりばめられています。この点を意識しながら読み進めていき、ぜひ本書で学んだ経済学のエッセンスを実際のビジネスに活用・応用してください。

また、見やすさに配慮して図を入れ、見開き二ページで一つのテーマが完結するようまとめてあります。どの章から読み始めても理解できるような構成になっていますが、虫食いにならないよう順番にマスターしていくと、基礎から実践へと体系的な学習ができ、最大限の学習効果をあげることができます。

■謝辞

本書の出版にあたり、監修をいだきました早稲田大学副総長・商学部教授の江夏健一先生に感謝いたします。総合法令出版の代表取締役仁部亨氏、田所陽一氏、足代美映子氏、竹下祐治氏に感謝の意を表します。また執筆・構成協力をいただきました池上重輔氏、安部徹也氏、高橋意知郎氏、橘幸志氏、佐野慶介氏、そして助言をいただきました高山裕二氏、ウイリアム・アーチャー氏に感謝します。

通勤大学MBA9

経済学

■目次■

まえがき

第1章　経済学とは

第2章 市場の経済学

第5章 景気の経済学

第6章　政策の経済学

第7章　グローバル経済学

第8章 日本経済レビュー

第1章
経済学とは

1-1 経済・経済学とは

経済とは、「世の中の〈モノ〉〈サービス〉〈お金〉の流れ」です。私たちが日頃何気なくとっている行動も、「お金」の流れを伴ったときには経済行為となります。子どもが一〇〇円のお菓子を買うのも、企業が一〇〇億円の設備投資をするのも**経済行為**なのです。

経済を構成している主なものは「家計（消費者）」「企業」「国」の三者です。まず、家計は企業に対して労働力を提供し、その報酬として賃金を得ます。そして、その賃金で企業が提供する商品やサービスなどを購入します。国に対しては賃金の中から税金を納め、その見返りとして社会保障などのサービスを享受します。企業は、家計に対して労働力の対価としての賃金を払い、国に対しては経済活動による利益から税金を納める一方で、国からの補助金を受け取ったり、商品やサービスの注文を受けたりします。また、経済には、この三者のほかに「外国との貿易」という要素もあります。外国にモノやサービスを売る輸出や、逆に外国のモノやサービスを購入する輸入も経済活動に含まれるのです。

経済学の定義

ポール・A・サムエルソン	経済学とは、人々ないしは社会が、貨幣の媒介による場合、よらない場合いずれをも含めて、いくつかの代替的用途を持つ希少性のある生産資源を使い、さまざまな商品を生産して、それらを現在および将来の消費のために社会のいろいろな人々や集団の間に配分するうえで、どのような選択的行動をすることになるのか、ということについての研究である。（『経済学』）

経済3つの主要プレイヤー

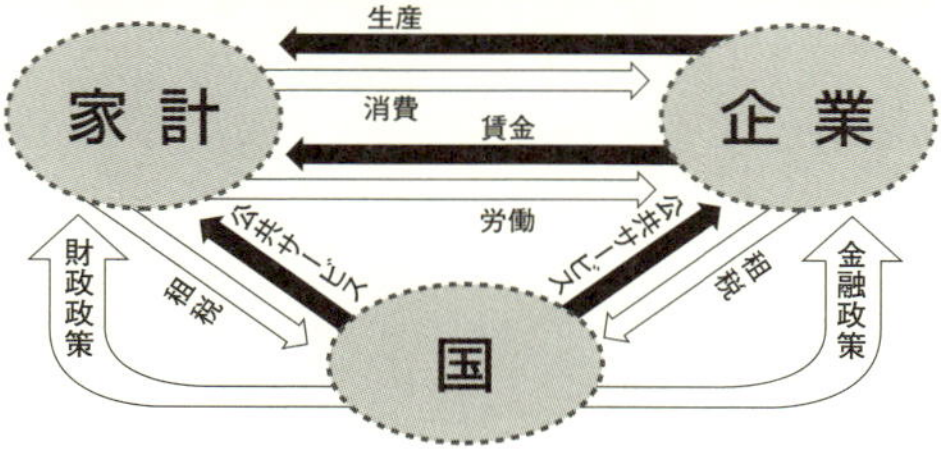

このように、実際にモノやサービスの移動にお金が伴う経済行為を**実態経済**といい、一方で実際のモノやサービスを手にすることなくお金が動く経済行為を**マネー（金融）経済**と呼びます。マネー経済には銀行の預金や株式および国債の売買が含まれ、お金自身が商品になります。また、国際間での「カネ」の取り引きは、国際投資として経済活動に含まれます。

経済学とは、こうした経済行為・経済現象の法則・メカニズムを研究することです。経済学を学ぶことによって「モノ・サービス・お金」の動きの理由がわかり、今後の動向の予測が（完全ではないが）立てられるようになるのです。

1-2 経営学と経済学の違い

「〝経営学〟と〝経済学〟とはどう違うのか？」

これは、経済学を学ぼうとしている現役のビジネスパーソンからよくなされる質問です。

これに対して、経済学と経営学の関係を〝森と木の関係〟にたとえて、「森を研究するのが経済学であり、個々の木を研究するのが経営学である」と説明することがあります。しかし、経済学におけるマクロ経済とミクロ経済（後述）の関係も森と木にたとえられることが多いため、これではわかりにくいかもしれません。

辞書によると、経済とは「財・サービスの社会的な生産・流通・消費の総過程とそのシステム」であり、経済学は「経済現象の法則を研究する社会科学の一分野」となっています。一方、経営とは「事業を継続的に行えるように運営すること」であり、経営学は「企業の構造・存立条件などを理論的に解明し、当面する問題を現実的に解決する方法を研究・開発する学問」であるとされています（『日本語大辞典』講談社）。

経営学と経済学の違い

経営学	経済学
特定の組織をいかに上手く運営していくかを研究	総体としての家計・企業・国の相互活動の法則とメカニズムを研究

つまり、経営学は「特定の組織に注目し、その組織の活動をいかに上手く運営していくかについての学問であり、組織内部への働きかけと、組織外部へ向けての働きかけの二分野に分けられる」わけです。そして、経済学は「家計と企業、国の動きに注目し、まとまりとしての家計と企業、国の相互活動（＝経済活動）の法則とメカニズムを研究する学問」ということになります。

そして、組織は通常、「国」に属して事業を営んでおり、その国は家計と企業の集合体でできています。これが、経営学を木、経済学を森にたとえる所以でしょう。

1-3 経済の根本的な問題

経済学では、「人間の欲望は無限であるが、資源は有限である」とされています。ゆえに経済学は、資源の稀少性（＝Scarcity）を研究する学問だともいえるのです。

たとえば、「欲しいものがありますか?」と尋ねられたとき、「まったく欲しいものはない」と答えられる人がいるでしょうか？　誰でも、何かしら欲しいものがあるはずです。それは車や貴金属といったモノかもしれませんし、サービスかもしれません。そして大抵の場合、人々は働いて賃金（給料）を手にし、それによって欲しいものを手に入れます。

では、その欲しいものを手に入れたなら、そこで人の欲望は完全に満たされてしまうものなのでしょうか？　いいえ、決して満たされることはなく、また新たに何かを欲するのです。このように、人の欲望は無限に繰り返されていきます。しかし、その一方で労働力や天然資源といった「資源」には限りがあります。

したがって、「経済」は限りある資源を効率的に配分しなければなりません。そしてその

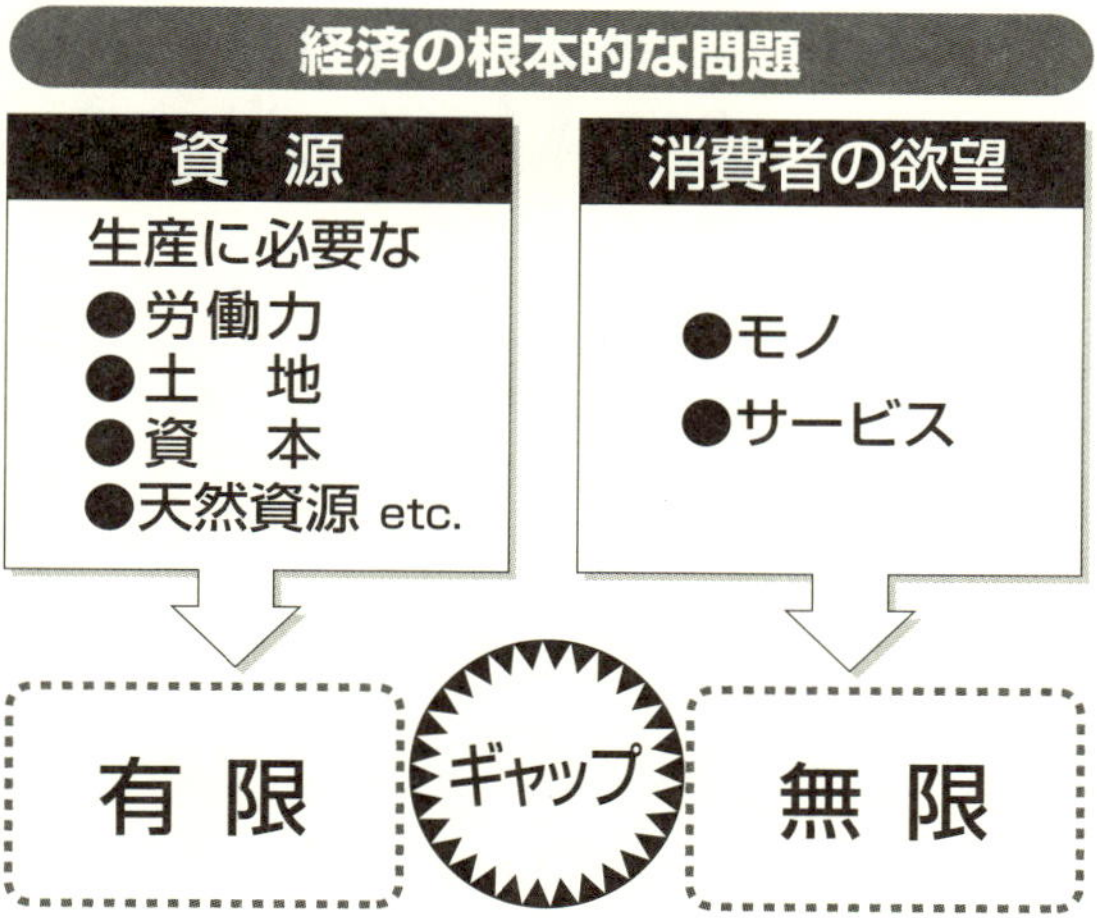

ためには、「何を（What）」「どのようにして（How）」「誰のために（For whom）」「いつ（When）」を考慮する必要があります。これらが考慮されずに生産されたモノは、世界レベルで見れば「貴重な経済資源の浪費」です。また、一企業レベルで見れば、「〝売れない商品〟をつくるという損失」になります。

現在の日本では、お金さえあればほとんど何でも手に入ります。このような環境において「モノには限りがある」といわれてもピンとこないかもしれません。しかし、人間の欲望の大きさから考えると、「希少性」が経済の根本的な問題であることがおわかりいただけるのではないでしょうか。

1-4 モデルとフレームワーク

現実の経済は複雑すぎてそのまま分析することがあまりに難しいため、経済学ではある仮定を立てて単純化した世界観を用いて議論をすることがよくあります。この「仮定を立てて単純化された世界観」のことを**モデル**といい、たとえば、「ある国にはAとBの二つの商品しかない」という仮定に基づく世界観は「二財モデル」といいます。このようにモデルを適用することによって、経済現象の理由説明と今後の予測が可能になるのです。

一方、経営学の**フレームワーク**は、囲碁・将棋でいうところの「定石」といえるでしょう。定石がある状況下での典型的な打ち手を考える視点を提供してくれるように、フレームワークは経営上のさまざまな事象・戦略を考えるための視点と典型的プロセスを与えてくれます。たとえば、業界の魅力度を分析したいと思ったときには「ファイブフォース（五つの力）分析」にあるポイントは必ず見るべきでしょうし、「ポーターの三つの基本戦略」を自社にあてはめれば、大まかな戦略の方向性が見えてくるのです。

モデルとフレームワーク

モデル
（経済学）

経済事象を理解・予測するため、仮定を立てて単純化した世界観

フレームワーク
（経営学）

経営判断のための視点と、典形的思考プロセスを与えてくれる定石

経済モデルを適用した場合は、ある程度答えの幅が出てきます。また、経営のフレームワークは考えるプロセスを提供しているだけなので、常に一定の答えが出てくるというわけではありません。

　ただ、経済学を初めて学ぶ人の中には、現実離れした仮定を用いる経済モデルは無意味だと感じる人がいるかもしれません。確かに、「AとBの二財しかない国」というのは現実にはあり得ないでしょう。しかし、そうした仮定を立てずに複雑な経済の法則やメカニズムを抽出することができないのも、また事実です。何の手がかりもなく経済に相対するよりは、多少仮定が不自然に思えても、経済モデルを活用したほうがベターというわけです。

1-5 経済学の種類

経済学の分け方にはさまざまなものがあります。一般には大きく、**ミクロ経済学**と**マクロ経済学**に分けられ、それ以外の経済学は**応用経済学**と呼ばれることが多いようです。ミクロとは微視的《びしてき》、すなわち経済の細かい部分を、そしてマクロは巨視的《きょしてき》、すなわち経済の全体を見ます。

ミクロ経済学は、「家計」や「企業」といった市場経済を形成する個々の単位（経済主体）の行動を分析する経済学です。子供が一〇〇円のお菓子を買うというのは、一見とるに足らない経済行為ですが、お菓子メーカー（企業）の売上は、その小さな経済行為の集合によって成り立っています。ミクロ経済学では、「家計は経済的な満足度（効用）を最大にするように、消費や貯蓄をしたり労働を提供したりする」と仮定されており、また「企業は利益を最大化するように設備投資や雇用などを決定する」と仮定されています。そして、こうした目的のためにとる行動を「最適化行動」といいます。

経済学の種類

ミクロ経済学	マクロ経済学
各家計や企業の経済活動（最適化行動）を分析	一国全体の経済活動を分析

一方のマクロ経済学では、一国の経済活動全体を分析します。そのため、国内総生産（GDP）はいかに増大するのか、またインフレーション（デフレーション）や失業がなぜ起こるのかについて、政府の財政・金融政策や貿易のメカニズムを研究します。

そして、マクロ経済学・ミクロ経済学以外の分野である応用経済学には、財政学や金融論、国際経済学、産業組織論、労働経済学などが含まれます。こうした分野では、ミクロ経済学やマクロ経済学を応用して特定分野のメカニズムを分析することが多いため、応用経済分野を学習したい場合でも、マクロ経済とミクロ経済の基本をある程度知っておいたほうが効果的でしょう。

1-6 マクロ経済学の概観

「一流のビジネスマンにはマクロな視点が欠かせない」といわれますが、同時に、「マクロ経済学をマスターしているビジネスマンは意外と少ない」ともいわれています。ここでは、マクロ経済学の目的と手段を確認しながら、その全体像を概観してみましょう。

マクロ経済学では繰り返し「国民総生産（GNP）」「雇用」「インフレーション」「輸出額」などの概念が出てきますが、これらの概念はマクロ経済活動の成果を図るツールでしかありません。マクロ経済活動の本質的な目的は、①産出の増大、②雇用の安定、③物価水準の安定、④対外経済のバランスなのです。

経済学では、国の経済的成功を判断する第一の目的は**産出の増大**、つまり「その国民のためにどれだけの経済的財貨（モノ）やサービスが産出できたか」であるとされています。マクロ経済は、この産出をいかに高水準に置き、高度成長をするかを考えるのです。

第二の目的は、**高い雇用水準の確保**です。これは、すべての就労を欲する人が希望する

マクロ経済学概念

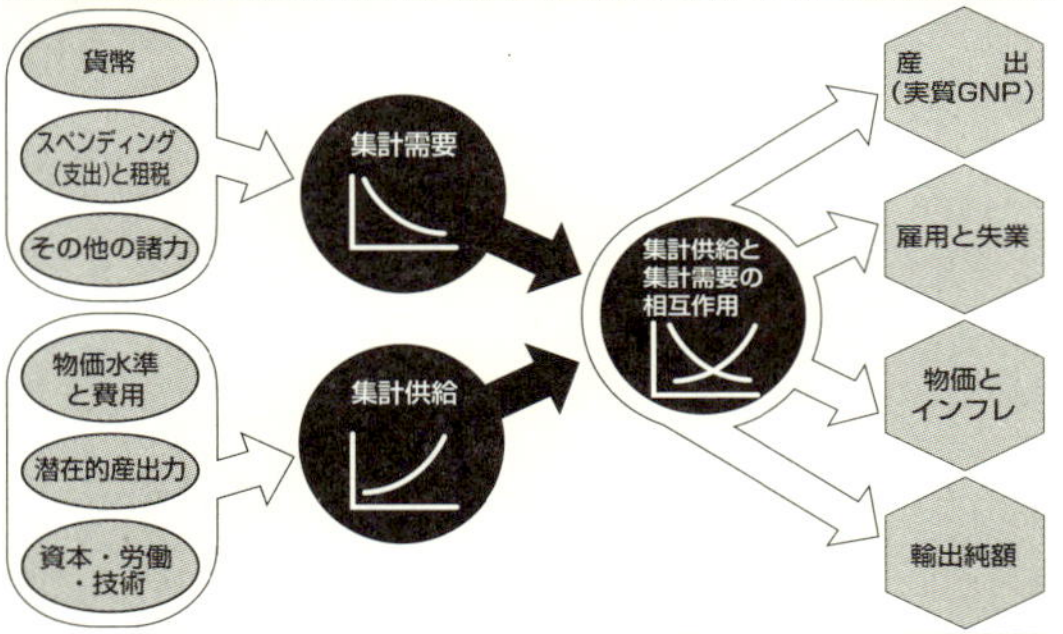

この図はマクロ経済に影響を与える主な要素を示している。左側には、集計供給と集計需要を決定する主な変数、すなわち財政・金融政策のような政策変数のほかに資本ストックや労働が掲げられている。集計供給と集計需要は、需要水準が既存資源とぶつかり合う状況の中で、相互に作用し合う。その主な帰結は、右側の六角形の項目、すなわち産出と雇用、物価および輸出純額において示される。マクロ経済分析の目的は、この図の背後にある諸力を理解することである。

出所）P. サムエルソン／W. ノードハウス著『サムエルソン　経済学』岩波書店

職業に、希望する賃金で就労できるという状態が理想です。

　また第三の目的は、自由市場経済下での**物価水準の安定**を確実にすることです。物価安定とは、全体としての価格水準が急速に変化しない（上がりも下がりもしない）ことをいいます。そして第四の目的は**対外経済のバランス**、つまり、適切な対外経済政策によって輸出入のバランスをとることです。近年のグローバル経済の結びつきが強まるにつれ、このコントロールの重要性は増してきています。

　これら四つの目的を達成するために、国全体の需要と供給の調整および相互作用を考えるのがマクロ経済学なのです。

1-7 経済成長には何が必要か

経済成長とは、その国のモノの生産や消費水準が向上することを意味します。そのためには①生産要素の向上、②生産技術の進展、および③政府の経済政策が必要不可欠です。

①生産要素（労働や資本など）の向上

労働者は「人的資本」と呼ばれ、良質な労働力の育成が経済成長の一因となります。

また、現代の生産は莫大な資本を必要とするため、設備投資のためには資本の蓄積が必要不可欠です。そしてこれは、生産物を消費せずに貯蓄することによってのみ可能となります。経済的資源は有限ですから、次の生産のために消費を控えるわけです。たとえば、米を生産している農家が、その年に獲れた米をすべて消費してしまったのでは、翌年の再生産は不可能になります。しかし、消費を我慢して種として残せば、翌年はより多くの収穫を望むことができるのです。

②生産技術の進展

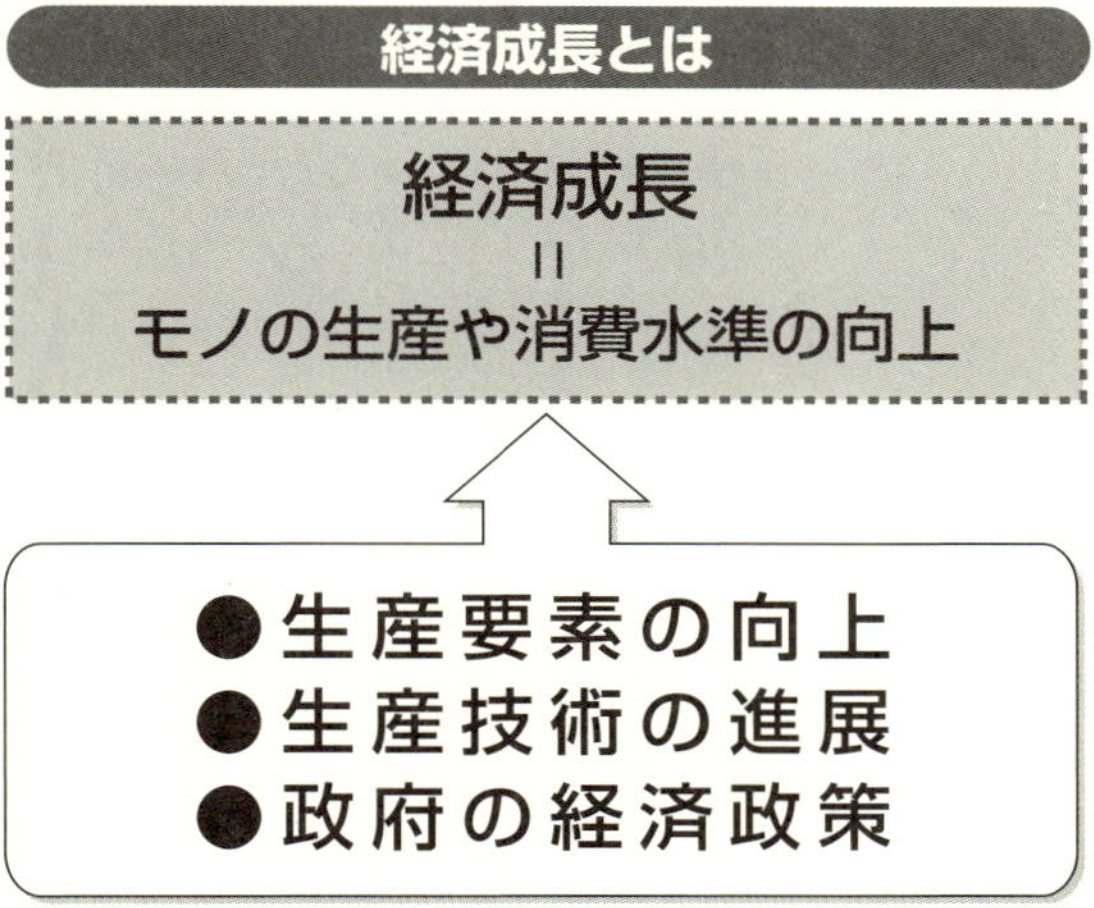
経済成長とは
経済成長
＝
モノの生産や消費水準の向上
●生産要素の向上
●生産技術の進展
●政府の経済政策

近代的成長理論の創始者であるロバート・M・ソローは、「経済成長率の約五〇％が生産技術の進歩によってもたらされる」と結論づけています。それほど生産技術の進展は経済成長にとって重要な役割を占めているのです。たとえ同じ価格の生産設備であっても、技術が進歩して性能が向上すれば生産性が増加し、生産量を押し上げるわけです。なお、生産技術には物理的・科学的なもののほかに、雇用制度や経営組織、生産管理手法といった経営上のソフト面も含まれます。

③政府の経済政策

政府は、税金面の優遇や補助金または競争から保護する規制といった産業政策などを通して経済成長を促進します。

1-8 トレードオフと機会費用

経済学を語るうえで重要な概念に、**トレードオフ**と**機会費用**というものがあります。

——あなたは毎月買っている一〇〇〇円の雑誌を買うために、一〇〇〇円だけ持って息子と一緒に本屋に出かけました。すると、息子がちょうど一〇〇〇円分のコミックが欲しいとねだり始めました。当然、財布の中には一〇〇〇円しか入ってないため、それを買ってしまうと、あなたは自分が欲しい雑誌をあきらめなければなりません。あなたは考えた末に、泣く泣く財布に入っていた一〇〇〇円を息子のために使いました——

トレードオフとは、「二つのうち、どちらか一方を選択して他方を犠牲にしなければならない状態」を指します。事例では、あなたが買いたい雑誌か、それとも息子が欲しがったコミックかという選択に迫られた状態がそれです。そして機会費用とは、「ある選択をした結果、あきらめることになった消費、またはそれから得られたであろう満足」です。事例では、あなたが毎月買っている雑誌が機会費用にあたります。コミックをねだられなければ、あな

トレードオフの例

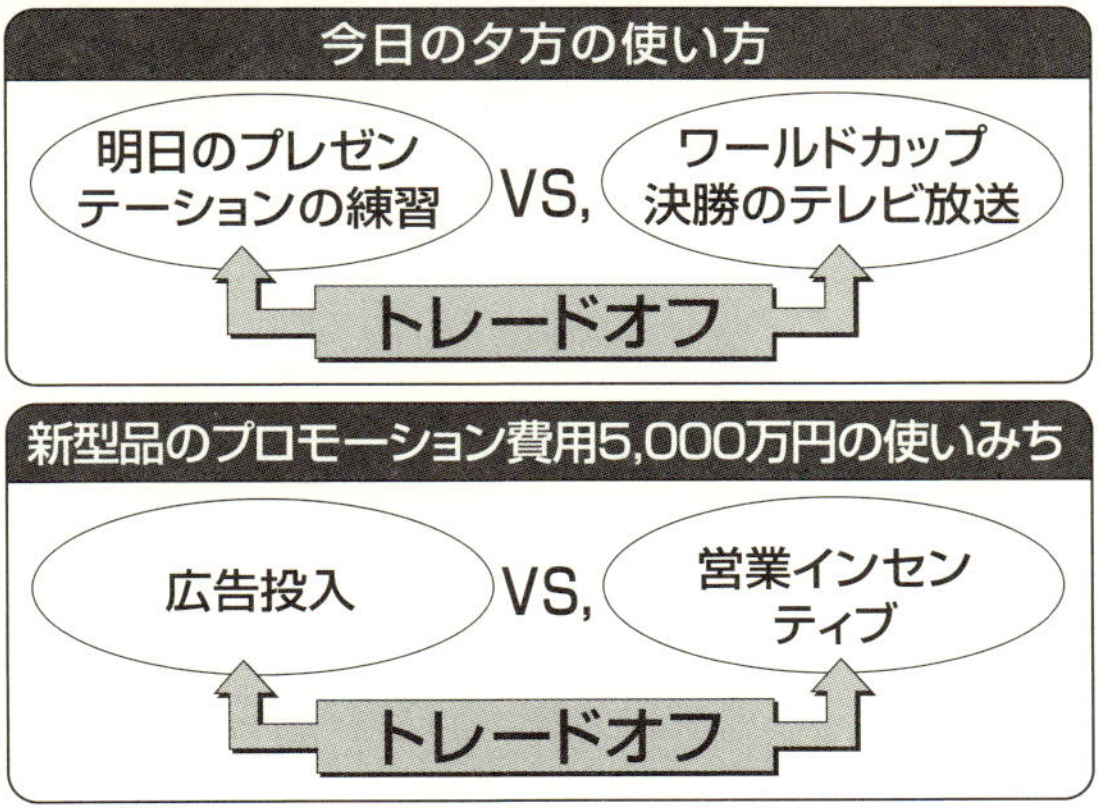

たはそれを手に入れることができたからです。

機会費用はモノやお金だけとは限りません。時間も立派な機会費用となります。たとえば大事なプレゼンテーションの前日に、とても見たいテレビ番組があったとしましょう。そして、上司からよい評価を得るにはプレゼンテーションの練習をすべきだとわかっていても、ついテレビを見てしまったとしましょう。ここでは「練習とテレビ番組」がトレードオフ、そして「あきらめた練習時間、もしくはその練習の結果得られたであろうよい評価」が、あなたにとっての機会費用となります。

このように、私たちは実際の経済活動の中で、知らず知らずのうちにトレードオフや機会費用を体験しているのです。

1-9 貨幣の機能

貨幣が使用される以前、経済活動の中心は物々交換でした。そこでは自分の所有物を他人の所有物と交換することによって自分の欲する物を手に入れていたのですが、さまざまな面で問題がありました。まず、自分の所有物を欲する人を探す必要があります。仮に見つかったとしても、その人が自分の欲しい物を所有しているとは限りません。また、野菜や肉などの〝なまもの〟は交換相手を探している間に腐ったり、変質したりする可能性もあります。そこで**貨幣**という経済システムが、物々交換の代わりに考案されました。

貨幣は、①価値の尺度、②交換手段、③支払手段、④貯蔵手段という四つの重要な機能を持っています。

①価値の尺度…モノの値段を、共通の貨幣単位によって表すことができる。たとえばハンバーガー一〇〇円、電車賃三〇〇円など、すべての商品・サービスには値段がついており、この値段はすべての人にとって共通の価値になっている。

貨幣の4機能

❶ 価値の尺度	モノの値段を、共通の貨幣単位によって表すことができる
❷ 交換手段	すべての人に対して共通の価値を表す貨幣を通じて、モノの交換が円滑に行われるようになる
❸ 支払手段	商品やサービスを欲したときに、貨幣のみで支払いが可能
❹ 貯蔵手段	長期間保持しても変質しにくい

②**交換手段**…貨幣はすべての人に対して共通の価値を表すため、物々交換のように交換相手を探す必要もなければ、相手が自分の所有物を欲しているかどうかを気にする必要もない。

③**支払手段**…商品やサービスを欲したときに、それを手に入れるために貨幣を利用して支払いをすることができる。

④**貯蔵手段**…金属や紙でできているため変質しにくく、長期間の保持に適している。

このように、貨幣とは経済活動の不便さを解消し、円滑な取り引きが行われるのを助長する役割を担っています。なお最近では、バーチャル（仮想的）貨幣の流通も広まってきています。

1-10 会社の形態

会社は、その形態により①株式会社、②有限会社、③合名会社、④合資会社の四つに分けられます。

①株式会社…会社の最も代表的な形態であり、商法により最低資本金一〇〇〇万円以上、出資者一名以上が義務づけられている。経営者や出資者の責任は有限であり、出資者に関しては、その出資の範囲で責任を負う。株式会社は株式を発行して資本を集めるため、より多くの資本金（元手）が必要な会社に適している。資金の出資者を広く募集し、それによって形成された会社資本の結合に重点が置かれるため、株主の個性が失われがちである。そのため「物的会社」とも呼ばれている。

②有限会社…設立にあたっては最低資本金三〇〇万円以上、出資者一名以上（五〇名以下）が必要。経営者や出資者の責任は、株式会社と同じく有限となる。会社資本の結合に重点が置かれることから物的会社の側面があるが、出資者の数が制限されるなど、出資者

会社の4形態

①株式会社	物的会社	●会社の最も代表的な形態 ●株式を発行して資本を集める ●資本金（最低1,000万円）と出資者（1名以上）に制限あり ●経営者・出資者の責任は有限
②有限会社	物的会社だが、人的会社の側面も併せ持つ	●出資金（最低300万円）と出資者（1〜50名）に制限あり ●経営者・出資者の責任は有限
③合名会社	人的会社	●出資者が2名以上必要だが、最低資本金の制限はなし ●経営者・出資者の責任は無限
④合資会社		●出資者が2名以上必要だが、最低資本金の制限はなし ●経営者と1名の出資者は無限責任。もう1名の出資者は有限責任

注）株式会社・有限会社の最低資本金規制は時限立法により緩和されている

間の個人的結合が考慮されている（会社と出資者が密接な関係にある）ため、「人的会社」の側面も併せ持つ。

③合名会社・④合資会社…どちらも二名以上の出資者が必要だが、最低資本金の制限はない。合名会社においては経営者および出資者ともに無限責任であり、必要であれば出資の範囲を超えて金融責任を果たさなければならない。一方、合資会社は経営者と一名の出資者は無限責任だが、もう一名の出資者に関しては出資の範囲で責任をとればいい有限責任となる。このように、合名会社や合資会社は出資者間の個人的結合に重点が置かれているため、「人的会社」と呼ばれる。

1-11 金融

経済主体である家計や企業は、日々の経済活動において余裕のある資金を銀行などに預けたり、家の購入や新規の設備投資の際などに資金が不足した場合は銀行から借入れをしたりしています。

このように、資金のある経済主体から銀行などの金融機関を通して資金のない経済主体に資金を融通することを**金融**といいます。

金融は、大別して「直接金融」と「間接金融」に分類されます。

①**直接金融**…株式市場や債券市場などにおいて、資金提供者が直接資金を必要とする者を選択して取り引きすることを指す。企業は株式市場で投資家を募り、自らの株式を投資家に購入してもらうことによって資金を調達することができる。直接金融では、投資先の選定は資金提供者（投資家）が自ら行うため、投資先の業績悪化などによる投資資金の目減りは自らのリスクとなる。

金融とは

金　融

一時的なお金の過不足を調整するためのお金の貸し借り

直接金融

株式市場や債券市場で直接取り引きをする

間接金融

銀行などの金融機関が仲介者となって取り引きをする

②**間接金融**…銀行などの金融機関が仲介者になって資金に余裕のある人や企業から預貯金などを集め、資金需要のある先へ融資すること。間接金融では、資金提供者である預金者は自らその資金の貸出先を選択することはできない。よって、貸倒れなどのリスクは金融機関のものとなる。

日本では、歴史的に間接金融による資金調達が主流であり、株式市場などでの直接金融は上場条件がとても厳しかったため、利用できるのは大企業に限られていました。しかし、ベンチャー企業育成の観点から、上場基準が緩和されたジャスダックや東証マザーズなどの株式市場が新設され、企業の資金調達手段の幅が広がりました。

1-12 金融機関の役割と種類

金融は「資金の余剰部門と不足部門との間を仲介して、資金を効率的に配分すること」だと前項で述べましたが、その金融を実際に仲介するのが**金融機関**です。金融機関は経済活動のモノ・カネ・サービスのうち、カネの流れをつかさどる重要な経済プレイヤーであり、①金融仲介機能、②信用創造機能、③決済機能という三つの役割があります。

①金融仲介機能…金融機関は借り手と貸し手の仲介を行う。たとえば、個人が多額の余剰資金を貸したいと思っても相手を探すのは容易ではなく、また企業がまとまった金額を借りる場合にも、複数の貸し手を探さなければならない。そこで、金融機関が借り手と貸し手のニーズをうまく調節することにより、金融取引に伴うリスクやコストを軽減させることができる。

②信用創造機能…信用創造機能とは、銀行が預金と貸出しを連鎖的に繰り返すことによって、お金（通貨）が増えていくことである。預金者全員がすぐに預金を払い戻すことは

金融機関の種類

		普通銀行	銀行法に基づいて設立された金融機関であり、都市銀行、地方銀行、第二地方銀行などに区分されている
		信託銀行	信託業務と銀行業務の両方を併せ営む銀行であり、「財産管理機能」と「金融機能」を持つ
協同組織金融機関		信用金庫	1951年に制定された信用金庫法に基づく、中小企業者や個人を対象とした会員制度による協同組織の金融機関
協同組織金融機関		信用組合	1949年に制定された中小企業等協同組合法を根拠法とする中小企業者や勤労者等の協同組合組織の相互扶養的な金融機関
協同組織金融機関		労働金庫	労働組合や消費者生活協同組合、その他労働者の団体が行う福利・共済活動を推進し、労働者の生活向上を図るために必要となる金融事業を営む非営利目的の金融機関
協同組織金融機関	農林漁業系統金融機関	農業協同組合	農業を営む人や地域の人々と貯金・貸出等の金融取引を行っている金融機関
協同組織金融機関	農林漁業系統金融機関	漁業協同組合	1948年の水産業協同組合法に基づき漁業生産組合、水産加工業協同組合とともに設けられた金融機関
		農林中央金庫	農林中央金庫法に基づく農林水産業の専門金融機関
公的金融機関		郵便局	郵便貯金法に基づいて設立された公営の金融機関
		証券会社	証券取引法に定められた証券業務を本業として営む広義の金融機関

まずないため、銀行は預金の一部を支払準備として現金で手元に置いておき、残りを企業への貸付に回すことができる。企業に貸し出されて取引先の支払いに充てられたお金は、支払いを受けた取引先がすぐに使う予定がなければ、銀行に預けられることになる。銀行は支払準備分を手元に残し、残りをまた貸出しに回す。これを繰り返すと「預金通貨」というお金が新しく生み出され、銀行全体の預金残高はどんどん増えていく。これを「信用創造」という。

③**決済機能**…銀行の預金口座を利用することで、現金を使わずに口座振替で送金や公共料金の支払いなどができる。

1-13 日本銀行の役割

金融機関は**中央銀行**、**民間系金融機関**、**政府系金融機関**の三つに分類することができます。民間系金融機関は事業として金融業を営み、政府系金融機関はある特定分野への資金の流れを政策的に促進する公的機関です。そして、日本で唯一の中央銀行が**日本銀行（日銀）**です。

日本銀行は、一八八二年一〇月に日本の中央銀行として業務を開始しました。二〇〇四年八月現在では東京日本橋の本店をはじめ、三二の支店と一四の事務所を日本全国に設置し、ニューヨークやロンドン、パリなど七カ所の海外事務所を設けています。資本金一億円のうち、五五％は日本政府が保有しており、民間の銀行の株券にあたる出資証券は店頭市場（ジャスダック）で売買されていて、配当も支払われています。

中央銀行である日本銀行は、国の金融制度の中心として、①発券銀行、②銀行の銀行、③政府の銀行という三つの役割を果たしています。

日銀3つの役割

発券銀行	唯一銀行券(紙幣)を発行
銀行の銀行	日本のほかの金融機関を管理
政府の銀行	国庫金の出納、国債の発行や利払いなどの政府の事務

①**発券銀行として…**日本で唯一銀行券(紙幣)を発行する権利を持ち、通貨の供給量をコントロールしている。

②**銀行の銀行として…**日本の市中銀行や証券会社などの金融機関を管理している。各金融機関は日銀に預金をして資金の決済を行うほか、決済資金がショートした場合は日銀から資金を借り入れる。

③**政府の銀行として…**政府に関わるさまざまな業務を行っており、国庫金の出納や国債の発行や利払いに関するすべての事務をとり行う。また、国際収支安定の観点より、外国為替が相場に急激に変動した際は政府の代理人として市場介入を行い、為替レートを適正な水準に誘導する。

COLUMN

経済学の主要学説①
～アダム・スミス～

アダム・スミスの「神の見えざる手」という言葉は有名です。また、「ケインズ政策」もよく耳にする言葉です。しかし、これらがどのような背景や意図で生まれ、どういう意味を持っているのかはよく知らないという人も多いのではないでしょうか？　さらには、これらの言葉を知ったところで、実際のビジネスにはあまり役に立たないと思っている人もいるでしょう。

しかし、これらの経済学の主要学説が生まれた背景や内容の理解は、経済学の流れを知るとともに、経済を鳥瞰的にとらえるのに役立ちます。経済を鳥瞰できれば、実際のビジネスの動きにそれを応用することができるのです。

古典派アダム・スミスは三人の預言者を残しました。一人は彼を支持し、一人は否定し、さらに一人は発展させました。支持したのはリカード、否定したのはマルクス、発展させたのはシュンペーターです。この三者の違いは、ケインズを加えて、そのまま現在の経済論争にも引き継がれています。

❖　❖

アダム・スミスの時代、財は「産むもの、創るもの」ではなく、「奪うもの」という認識が主でした。国家主導の植民地戦争が日常であり、軍隊の社会的立場も強大で、「国が経済・社会を指導する」という時代だったのです。そんな中で、スミスが著書『国富論』で主張したのは、「民間経済の生産性はまだまだ引き出せる。戦争の結果によって獲得できる富の数倍が生産できる」というものでした。『国富論』は、現代風にいえばただの生産管理のノウハウ本なのですが、このような背景があるため、経済学の始祖書と崇められているのです。

では、生産性アップの秘訣は何でしょうか？　スミスはそれを「分業」だと断言しました。分業とは、一つの製品をつくる工程をできるだけ細かく分類し、各工程のプロを育てていくことによって、生産量を飛躍的に向上させることです。しかし、これはあくまで工場レベルの生産性アップでしかありません。

では、国レベルではどうすべきなのでしょうか？　これに関して、スミスは「国がでしゃばらないこと」だと主張しました。「政商の既得権を守るような規制をなくし、軍需のような非生産的な産業を軽減する。そうすれば、民間企業は国民の幸せを増進させるべく競争に励み、互いに切磋琢磨する。やがて激化した競争に生き残るため、各企業はそれぞれの〝強み〟に特化するより道はなく、したがって分業が進められる」――この黄金律をスミスは「見えざる手」と呼びました。

COLUMN

経済学の主要学説②
～三人の経済予言者～

アダム・スミスが「見えざる手」と名づけた黄金律について、これまで二〇〇年以上にわたってその真偽が議論されてきました。実は、この「見えざる手をめぐる議論」自体が経済学そのものであり、その要点をかいつまんで説明したのが本書ともいえます。

見えざる手をめぐる議論は、発表されて間もなく、それを支持する者と否定する者との二派に分かれました。双方ともに植民地主義からの脱却を意図した点では同じでしたが、見えざる手がその黄金律の核とする「競争」についての認識が一八〇度異なったのです。支持派はスミスと同じく「競争こそ生産性の母」と断じ、一方の否定派は「競争は恐慌の源」と予言したのです。

支持派の旗頭がリカードであり、否定派の筆頭がマルクスです。「生産は株主を利するものか？ それとも労働者を利するものか？」「競争は生産を適切量に導くのか？ それとも過剰にするのか？」「徹底した分業は働く者を洗練するのか？ それともその人格を破壊せしめるのか？」……このようなディベートを、リカーディアン（リカード派）とマルキスト（マルクス派）は延々と積み重ねてきました。

COLUMN

「見えざる手」をめぐる議論

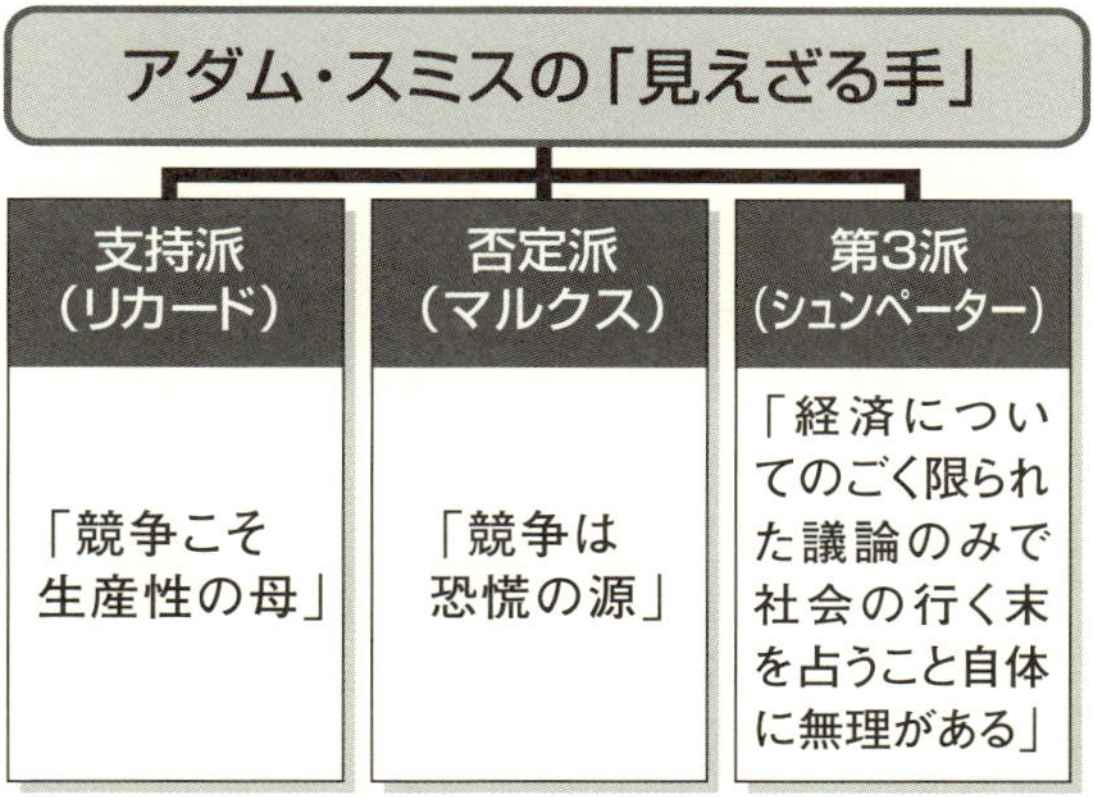
アダム・スミスの「見えざる手」
支持派
（リカード）
「競争こそ生産性の母」
否定派
（マルクス）
「競争は恐慌の源」
第3派
（シュンペーター）
「経済についてのごく限られた議論のみで社会の行く末を占うこと自体に無理がある」

そして、このような議論も一〇〇年以上を数え始めた頃には互いに分派を生み、支持派にも否定派にも所属しない第三派を生み出しました。

第三派の主張は、「経済についての、ごく限られた議論のみで社会の行く末を占うこと自体に無理がある」というものでした。こういった第三派の主張自体が社会学や政治学、法学など、ほかの社会科学をして経済に目を向けさせるきっかけをつくり、経営学の母体となったともいえます。そして、このような示唆に対して極めて優れた洞察を与えた学者がシュンペーターだったのです。

第2章
市場の経済学

2-1 需要と需要曲線

消費者はみな、世の中にあふれているモノに対して、ある一定の価格になれば買おうという意欲があります。その買おうという意欲が**需要**と呼ばれるものです。

たとえば、Aさんは牛肉が一kg＝一〇〇〇円であれば一〇kgを、一kg＝五〇〇円に下がれば二〇kg買おうと思っているとします。こういった需要をグラフにしたものを**需要曲線**といいます（図1）。その一方で、市場には牛肉一kg＝一〇〇〇円ならば一kgを、また一kg＝五〇〇円に下がれば三〇kg買おうと思っているBさんもいます。AさんやBさんなど、世の中の個々人の需要曲線をあわせると、市場の需要曲線ができあがります（図2）。

通常、モノの値段が安いほど需要量が多く、高ければ少なくなります。これを経済学では**需要の法則**といいます。そして、需要を決定づける要因には次の五つがあります。

①**消費者の嗜好**…消費者がどの程度その商品を欲しているか

②**消費者の収入**…消費者にどの程度その商品を買うための収入があるか

需要曲線

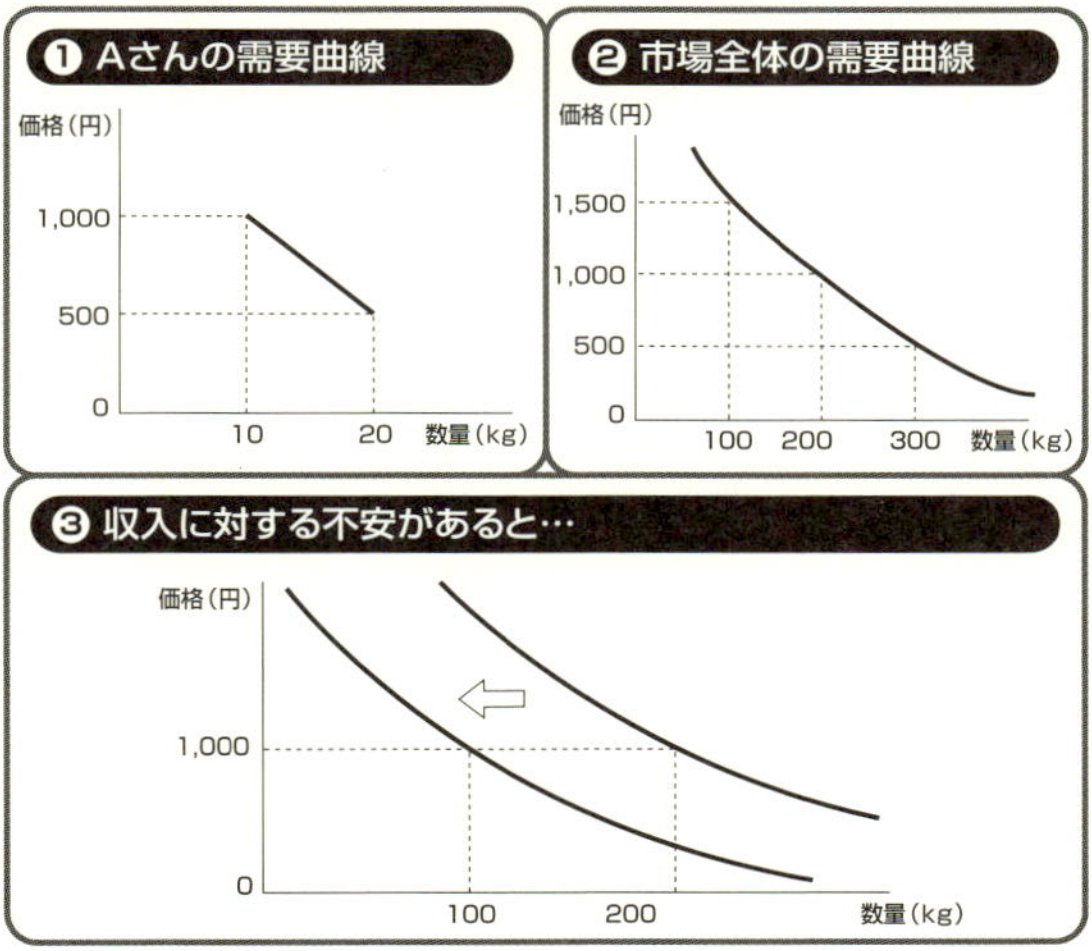

③その他の商品…その他の商品（コカコーラなら、ペプシコーラなど）の需要と値段

④消費者の期待…消費者の将来的な収入に対する期待や価格に対する期待、嗜好の変化に対する期待など

⑤消費者の数…その商品を欲する消費者の数

ところで、この需要曲線は同じ市場であれば常に一定というわけではありません。たとえば、消費者の多くが将来的な収入に対して不安を抱くようになったとすると需要曲線は左にシフトし、同じ値段でも買いたいと思う人の数(量)が減少します（図3）。

2-2 供給と供給曲線

企業は消費者に対して、ある一定の価格水準になれば商品を市場に提供します。この企業の行動を**供給**といいます。

たとえば、A社は紳士用スーツを値段が一万円なら一〇〇〇着、二万円であれば三〇〇〇着供給しようと計画しています。このA社の供給をグラフにしたものが、A社の**供給曲線**です（図1）。その一方で、紳士用スーツを値段が一万円なら三〇〇〇着、二万円であれば五〇〇〇着供給しようと計画しているB社もいます。このような各企業の供給曲線をあわせると、市場の供給曲線ができ上がります（図2）。

供給は通常、モノの値段が安ければ供給量が少なく、モノの値段が上がるにつれて供給量も増加していきます。このことは経済学上、**供給の法則**と呼ばれています。

供給を決定する要因としては、次の六つが考えられます。

①**生産コスト**…企業がその商品の生産にかける費用

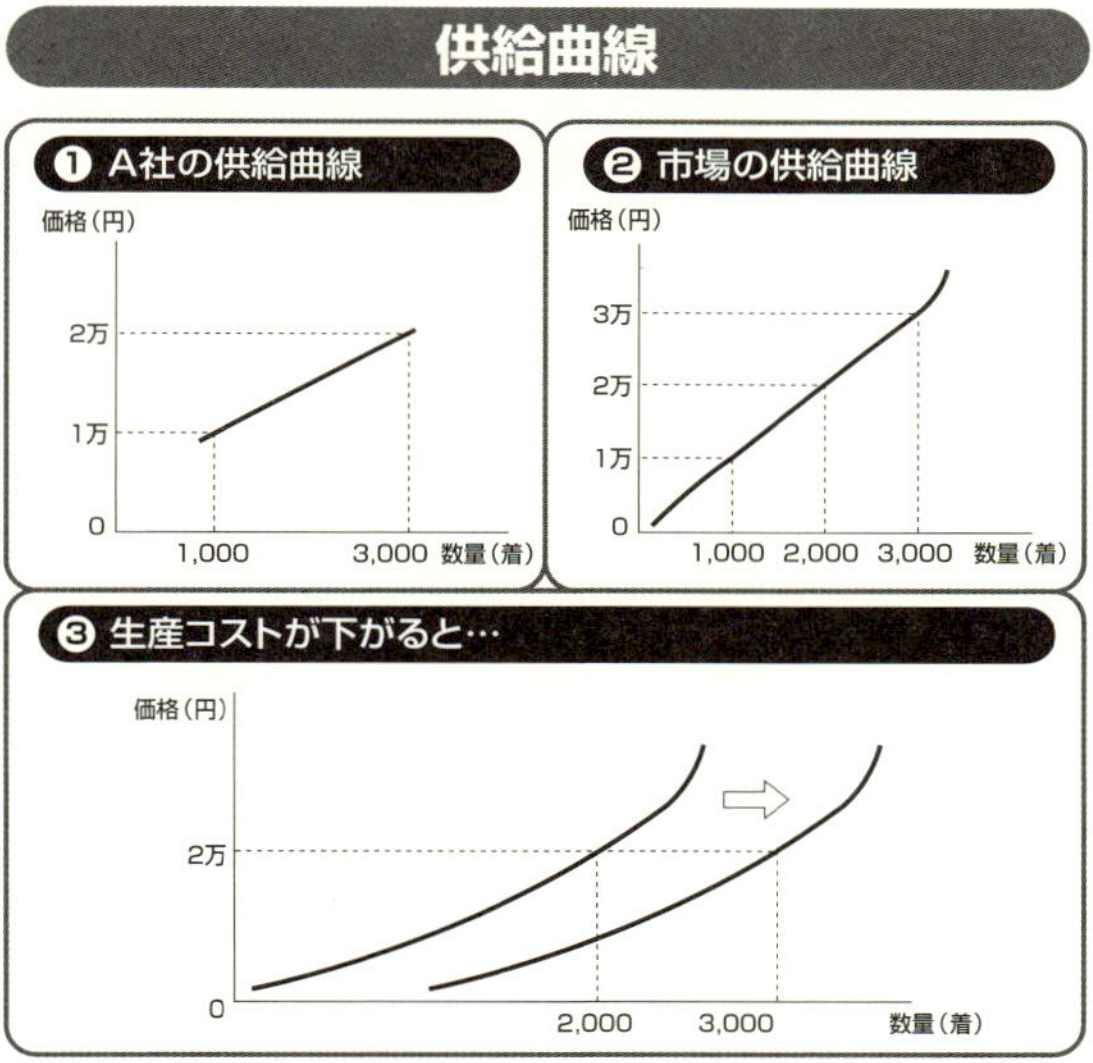

②**技術**…企業の持つ生産技術

③**その他の商品**…その他の商品（コカコーラであればペプシコーラなど）の供給と値段

④**税金と補助金**…企業が払わねばならない税金と政府から受け取る補助金

⑤**企業の期待**…将来の消費、または将来の技術革新に対する期待

⑥**競争相手の数**…その商品を供給する相手企業の多さ

以上の要因で供給は決定しますが、需要曲線同様、供給曲線も常に一定ではありません。たとえば技術革新により企業の生産コストが下がれば、供給曲線は右側にシフトします（図3）。

2-3 市場のメカニズム

次に、市場における需要と供給の関係について、例を挙げて説明しましょう。

図は、あるみかんの市場をグラフに表したものです。そして、この市場では無数の売り手と買い手がいて取り引きを行っているとします。現在のみかんの市場価格を、一kgあたり三〇〇円だとしましょう。値段が三〇〇円のレベルにおいて、売り手は三〇〇〇トンのみかんを市場に供給したとします。ところが、この価格では買い手は一〇〇〇トンしか購入しませんでした。ここで、二〇〇〇トンの供給超過が発生してしまいます。この場合、売り手が値段を下げなければ、みかんは売れ残ってしまうわけです。

一方で、市場価格が一kgあたり一〇〇円の場合はどうでしょうか？ このレベルでは、売り手は一〇〇〇トンを市場に供給しますが、三〇〇〇トンの需要が見込まれます。この場合、差し引き二〇〇〇トンの需要超過になり、多くの買い手が一〇〇円ではみかんを手に入れることができなくなります。そこで売り手が値段を少々上げたとしても、買い手は

需要と供給

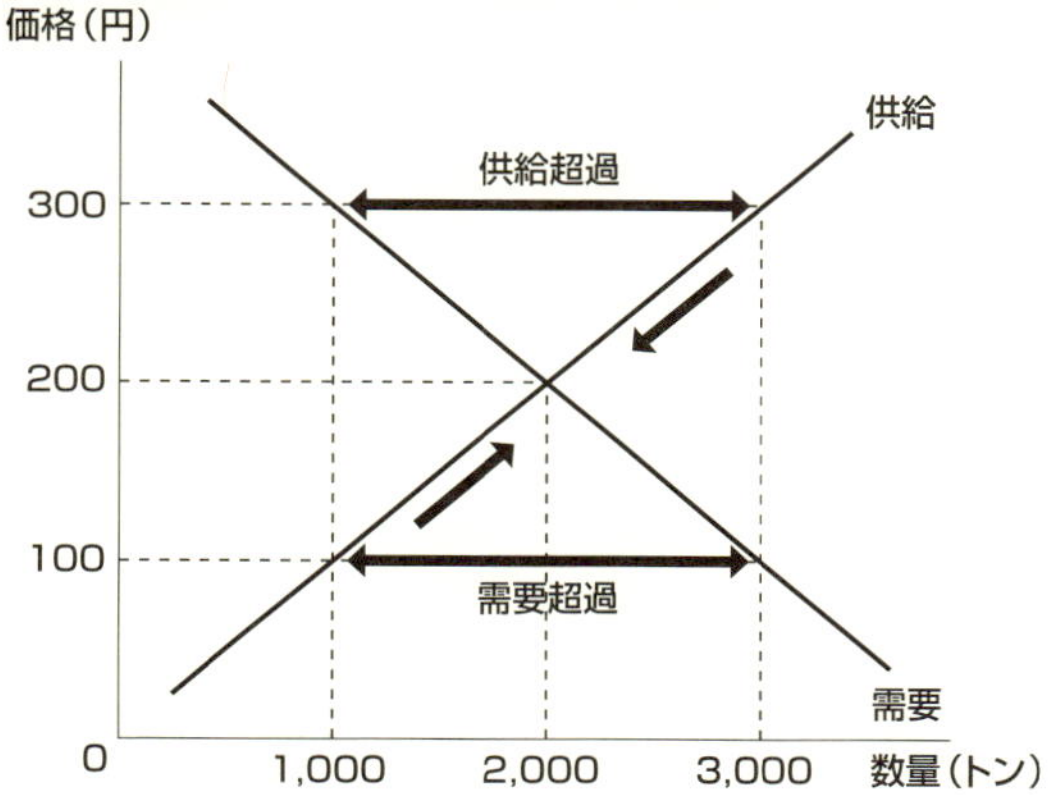

購入するでしょう。

　では、この場合の適正価格はいくらなのでしょうか？　図では、二〇〇円のレベルで需要曲線と供給曲線が交わっています。二〇〇円のレベルでは売り手は二〇〇〇トンを供給しますし、買い手も二〇〇〇トンの消費をするため、需要と供給に過不足がありません。つまり、このみかんの市場では二〇〇円が適正価格ということになるのです。

　このように、市場では需要と供給のバランスによって値段が適正価格になるよう自然に調整されていき、需要と供給が一致したところで価格が決まります。この市場の働きは、経済学者アダム・スミスにより「**神の見えざる手**」と呼ばれています。

2-4 市場構造と完全競争

前項で述べた「価格の需給調整機能」が働くためには、製品（商品）が**完全競争市場**で取り引きされなければなりません。では、完全競争市場とはどのような市場を指すのでしょうか？　経済学においては、次に挙げる五つの前提があります。

①**売り手と買い手が多数存在する**…完全競争市場では競争相手が無数に存在し、一個人または一企業の影響力が非常に小さなものとなる

②**価格支配力を持たない**…一企業の影響力が小さいため、どの市場参加者も価格支配力を持つことができない。そのため価格は市場に任せるしかない

③**同質の商品である**…売り手が供給する商品は同質であり、差別化が存在しない

④**情報が共有されている**…市場に参加する者すべてが商品の性質や価格に関する情報を完全に入手できる

⑤**参入障壁がない**…企業が市場に自由に参入でき、利益が上がらなければ自由に退出する

完全競争市場とは

1. 売り手も買い手も多数存在
2. 価格支配力を持たない
3. 同質の商品
4. 情報が共有されている
5. 参入障壁がない

ことができる

このような条件がもれなく満たされる完全競争市場は、買い手も売り手も価格を恣意的にコントロールすることができません。そのため、完全競争市場において、売り手は「プライステイカー（価格受容者）」と呼ばれます。たとえば、売り手がライバルより高い価格をつけた場合、顧客はみなライバルのほうへ流れていってしまいます。なぜなら、商品はまったく同質のものであり、消費者はみなライバルのほうが安いことを知っているからです。その結果、売り手は価格を下げざるを得なくなったりします。このように完全競争市場では、売り手も買い手も〝価格は天から与えられたもの〟として行動せざるを得ないのです。

2-5 消費者余剰

前項までで「市場メカニズムによる需給調整が効率的な資源配分方法である」と述べてきましたが、それを検証するためには市場状況の効率を図る指標が必要になります。市場効率の分析にあたって使われる指標が、**消費者余剰**と**生産者余剰**の組み合わせである**社会的余剰**です。

まず消費者余剰とは、消費者の購入予定価格（「この金額まで出そう」と考えている）と市場価格の差です。たとえば、パソコンを買おうと思っている人が五人おり、それぞれ一〇万円、九万円、八万円、七万円、六万円までなら出そうと考えているとします。このとき市場価格が七万円ならば、予算が六万円の人以外の四人が購入するでしょう。

その場合、経済学では「一〇万円で買おうと思っていた人ならば、三万円分を節約できたため、三万円分の満足（効用）を得ている」と考えます。この考え方でいくと、九万円で購入を考えていた人は二万円の満足、八万円で考えていた人は一万円の満足、七万円の

消費者余剰

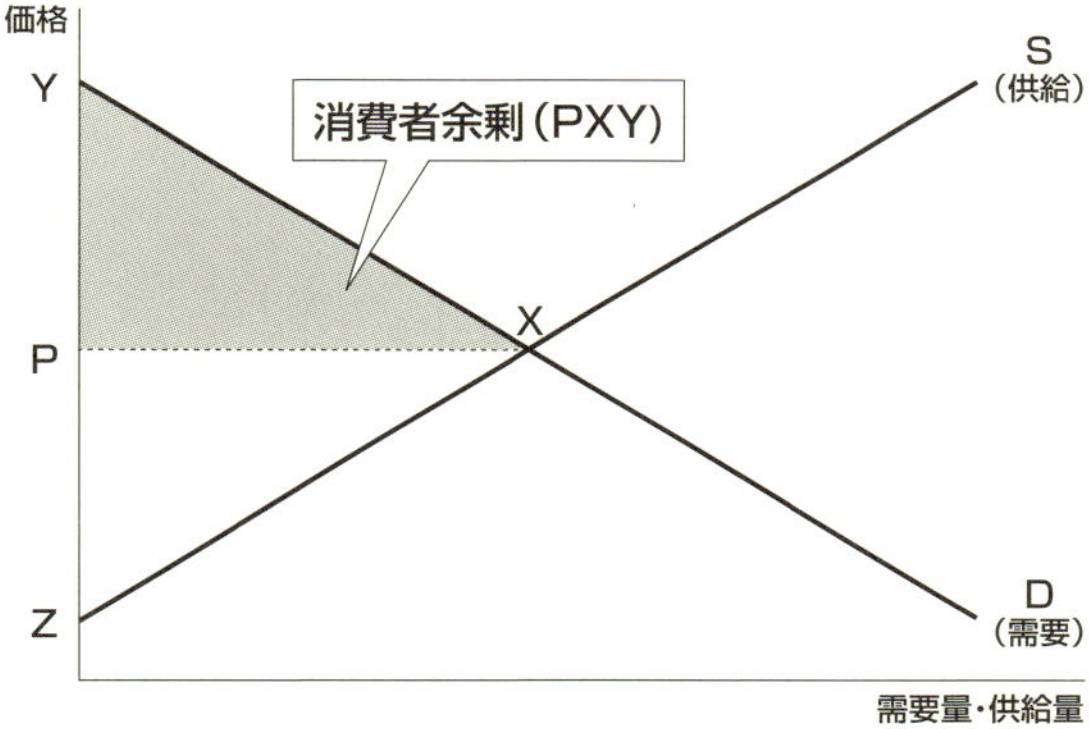

ZS＝供給　YD＝需要　X＝均衡点　P＝均衡価格

人はゼロとなり、購入した四人の満足度（効用）の合計は三万円＋二万円＋一万円で六万円と計算されます。

この「節約分＝満足＝効用」が「消費者余剰」と呼ばれるものです。そして市場全体の消費者余剰は、各消費者の購入予定価格と市場価格との差を合計したものとなります。

事例では五人でしたが、実際の市場ではもっと多くの消費者が存在します。その消費者余剰をあわせると、図のような右下がりの**需要曲線**となります。そして、この図における消費者余剰は、需要曲線より下、均衡価格Pより上の部分となるのです。

2-6 生産者余剰と社会的余剰

前項で述べたように、消費者余剰は消費者の満足から決められます。これと同様に、**生産者余剰**も生産者の満足（利益）から決められます。

市場で生産物を販売して利益を得ている企業は、「この金額なら売ってもいい」という基準を持っています。この基準となる価格は、基本的には**限界費用**（一つの製品を生産するのにかかる費用）よりも高くなければなりません。

たとえば、あるパソコンメーカーの限界費用を一台目三万円、二台目四万円、三台目五万円、四台目六万円、五台目七万円としましょう。このような場合、生産量が増えるにつれて限界費用（販売すべき価格）が高くなる、右肩上がりの短期供給曲線ができあがります（図参照）。そして価格と限界費用の差が企業の利益になるため、利益が出る四台目まで販売したとすると、一台目では四万円、二台目では三万円、三台目では二万円……と合計一〇万円の儲けを手にすることになります。この「儲け」が生産者の満足（＝効用）であ

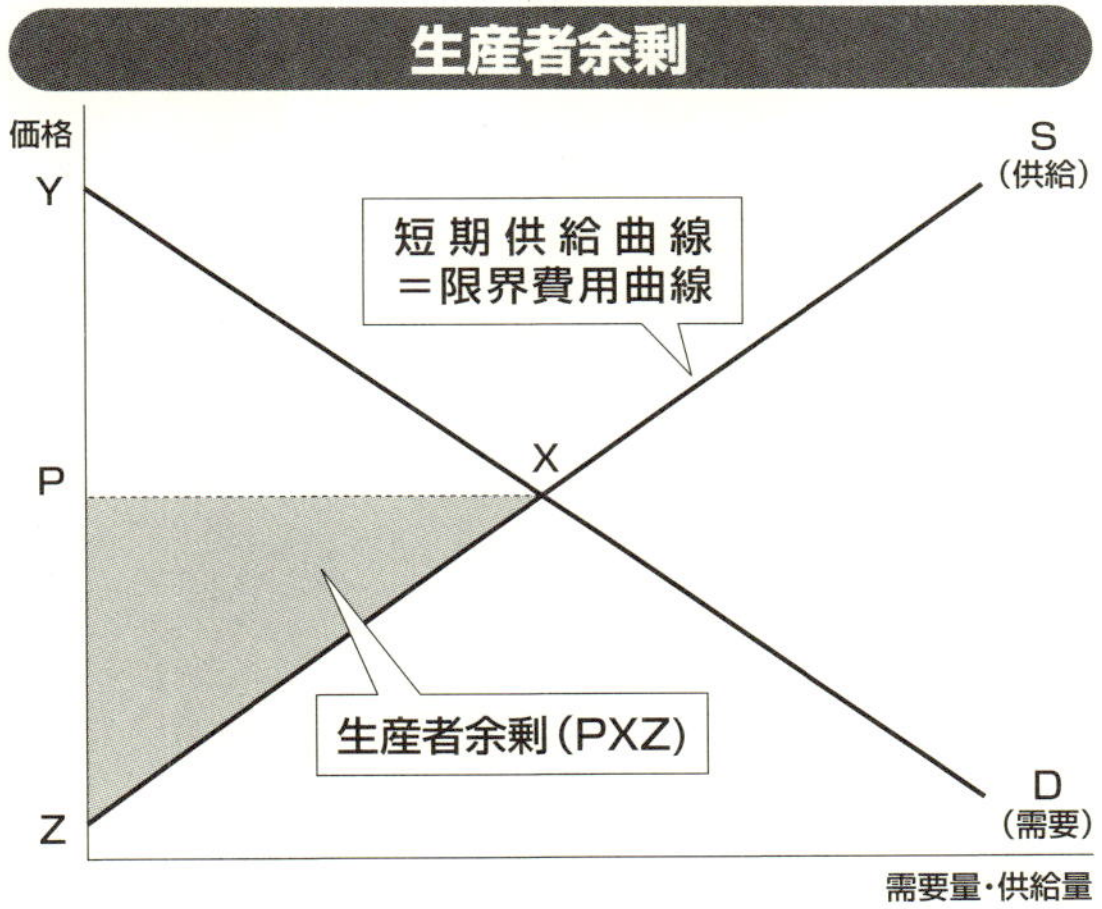

り、「生産者余剰」と呼ばれるものです。

そして、この生産者余剰と消費者余剰をあわせたものが**社会的余剰（総余剰）**と呼ばれるものになります。57ページの図とあわせて見ると、社会的余剰は需要曲線と供給曲線の交点で最大となっていることがわかるでしょう。このように、「市場参加者（生産者や消費者）にどれだけの儲け（満足）が発生するのか？」という社会的余剰を基準にして、さまざまな市場状況（独占企業の存在や政府の介入など）の効率性を評価していくのです。

なお、社会的余剰が最大になるのは完全競争下であるといわれています。詳しくは後述します。

2-7 価格統制の弊害

本当に、市場メカニズムによる自然な調整（自由競争）が最も効率的であり、それにより当該市場参加者の満足が最大化されるのでしょうか？　社会的余剰の考えを用いて、まずは価格統制により市場メカニズムが歪められたケースで考えてみましょう。

均衡価格よりも低い価格を政府が設定する場合についてですが、民間企業が生産する商品を低い価格に設定したとすると、営利企業は「そんな価格では生産したくない」と生産量を抑えるでしょう。そのため供給量が減り、その商品を買うことのできる消費者が減ってしまうでしょう。これは超過需要が満たされない状態です。社会的余剰の視点からいうと、価格統制は社会的余剰を減らすため効率的ではありません。図1においてＴＸＭで囲まれた部分が社会的余剰の減少分です。このとき買いたくても買えない人の数はＭＶ分もいます。

均衡価格より上に価格が規制され、超過供給が存在する場合も同様です。日本の食糧管理制度はこの典型でした。図２において、政府のコメ買い入れ価格をＱとし、供給量すべ

価格統制の弊害例

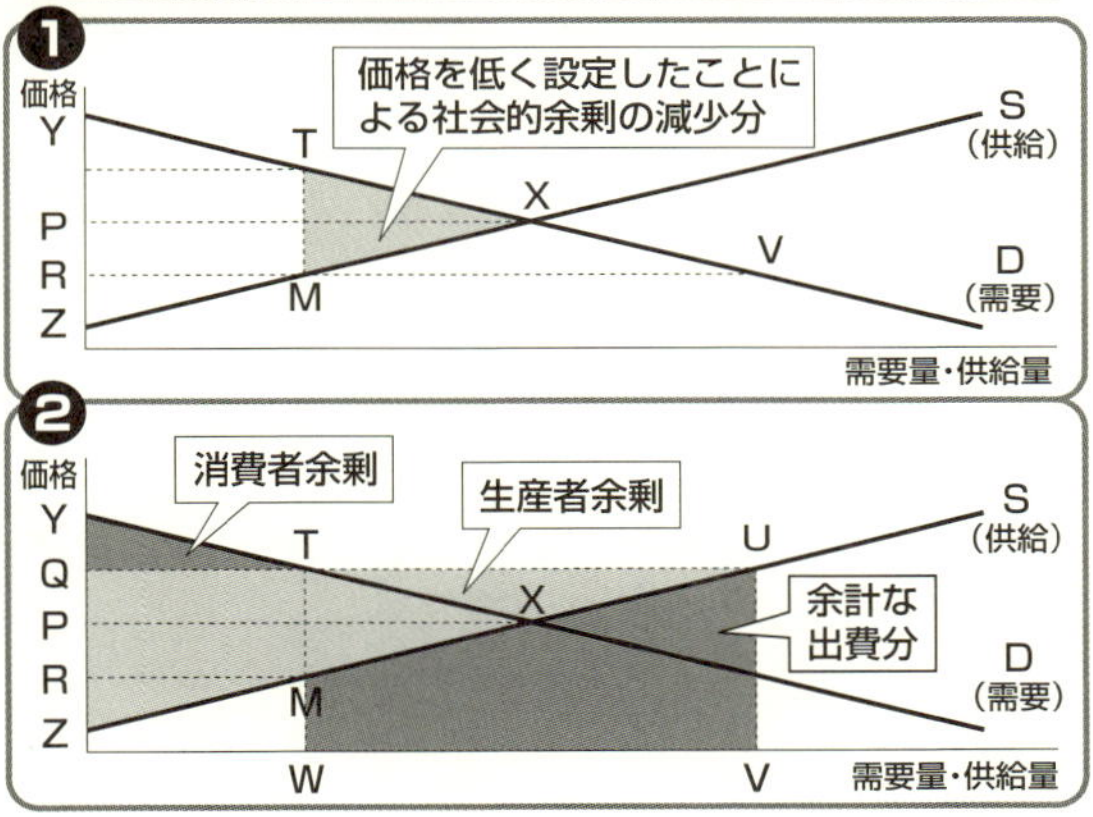

てを政府が買い上げることになっているとしましょう。この場合の消費者余剰はＱＴＹ、生産者余剰はＱＵＺです。一見すると、均衡価格Ｐのときよりも社会的余剰はＴＵＸ分だけ大きいようですが、実際にはＷＶに相当するコメが売れ残り、倉庫に眠っているのです。そして、その売れ残った分の金額ＷＶＵＴまで、政府は生産者に支払っているのです。生産者余剰の一部ＭＴＵを差し引いても、ＵＶＷＭの部分は余計な出費となることがわかるでしょう。

政府の価格統制は通常、経済的な意味以外でなされるため「高次な政治的判断」といわれることも多いようです。しかし、経済的な影響を把握しておくことも必要なのです。

2-8 独占企業の需要曲線と限界収入

これまで、多数の需要者と供給者から成る「競争的市場における需給状態と価格の関係」を見てきました。しかし実際の社会は、必ずしも多数の売り手と買い手から成る完全競争の市場ばかりではありません。市場が競争的でない状況、いわゆる**不完全競争**というのもよく見られるのです。

不完全競争は、市場に参加する売り手と買い手により、いくつかのケースに分けられます。まず実際の市場では、少数の売り手が多数の買い手に商品を販売することがあります。このような場合、一人の売り手が多数の買い手に商品を売るケースならば**独占**といい、売り手が少数のケースならば**寡占**といいます。独占（または寡占）市場下では、売り手企業が市場価格を決めることができるケースもあり、このときの売り手企業は**プライスメーカー（価格をつくる人）**と呼ばれます。

独占企業の場合、ほかの売り手はいません。そのため、市場の需要曲線は独占企業の取

独占企業の平均収入と限界収入

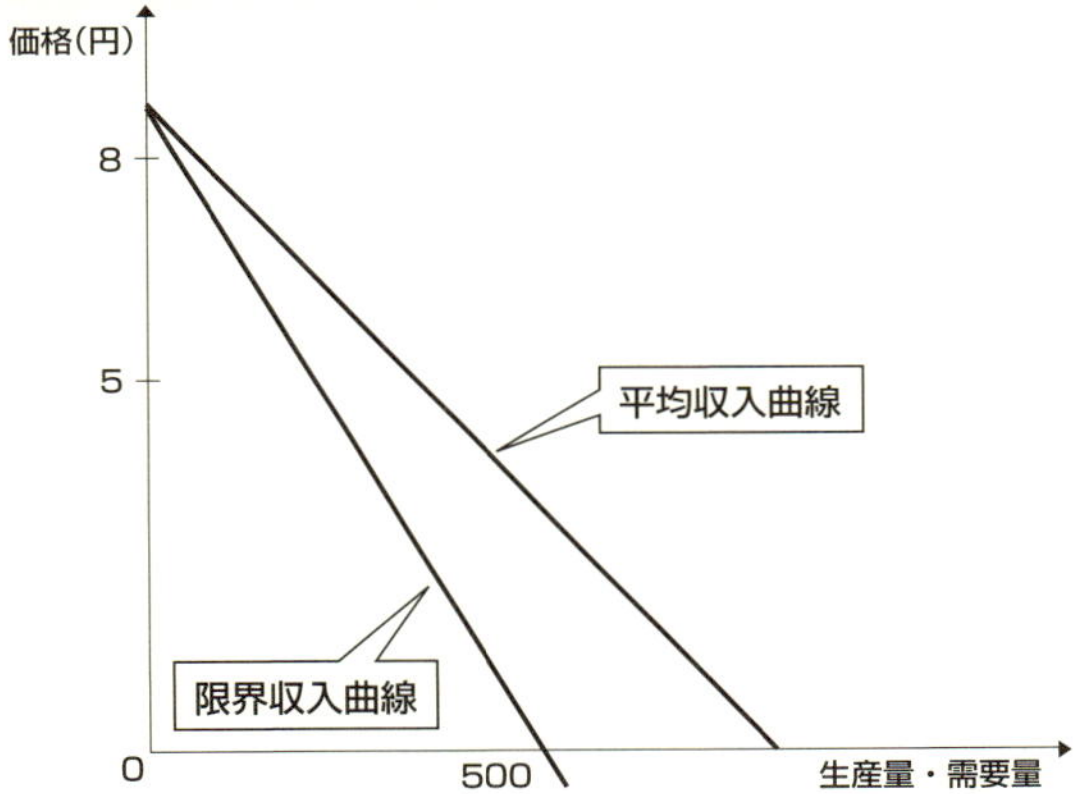

り扱う製品への需要曲線そのものになります。ただ、需要曲線は右下がりなので、製品を一つでも多く販売するためには、わずかでも値下げしなければなりません。つまり、平均収入曲線（需要曲線と同じ）が右下がりになるわけです。

また、製品の供給量を増やしたときに追加的に増加する収入を**限界収入**といいますが、独占企業では、限界収入曲線が平均収入曲線よりも下にきてしまいます。たとえば、半導体の販売量を一〇〇個増やした結果として値段が下がったという場合、その値段はすべての数量に適用されてしまうのです。次項で具体例を挙げて説明しましょう。

2-9 独占企業の限界収入の検証

なぜ、独占企業においては、前項のグラフのように限界収入曲線が平均収入曲線の下にくるのでしょうか?

半導体チップを生産する独占企業があると仮定しましょう。単純化のために、需要曲線は63ページの図のように直線とします。

この半導体チップの値段を一円下げると、一〇〇個需要が増えるとしましょう。つまり、単価八円のとき一〇〇個の需要があるとすれば、七円に下げると二〇〇個の需要が出てくるのです。このとき、二〇〇個全部の販売価格は七円になる（八円で一〇〇個、七円で一〇〇個売るわけではない）ため、総収入は七円×二〇〇個で一四〇〇円になります。一方、単価八円のときは八円×一〇〇個で八〇〇円でした。そのため、単価を八円から七円に下げ、販売個数を一〇〇から二〇〇に増やしたときの増収分（限界収入）は、一四〇〇円－八〇〇円で六〇〇円になります。このときの一個あたりの収入（単価）を**平均収入**といいます。

独占企業の限界収入例

生産量（個）	価格（平均収入）（円）	総収入（円）	限界収入（円）
100	8	800	
200	7	1,400	600
300	6	1,800	400
400	5	2,000	200
500	4	2,000	0
600	3	1,800	-200
700	2	1,400	-400

図を見ればわかるように、販売個数を増やしていくにつれ、限界収入は減っていきます。五〇〇個販売したときは総収入二〇〇〇円で限界収入がゼロ、六〇〇個販売したときには総収入が一八〇〇円で限界収入がマイナス二〇〇円になっています。生産量が増えるにしたがって限界収入が急激に減っている様子がよくわかるでしょう。

このように、独占企業の場合は価格設定によっては限界収入がマイナスになる、またはたくさん売っても総収入が増えずにマイナスになることがあります。そのため、価格を注意深く設定する必要があるのです。ちなみに、総収入は販売量四〇〇から五〇〇の間で最大になっています。

2-10 独占企業の利潤極大

完全競争企業でも独占企業でも、生産条件は変わりません。資本や労働の投入量の増大に応じてある点までは限界生産力が増加するものの、いったんそこを越えると限界生産力は次第に減少するため、U字型の限界費用曲線があてはまります。ただ、いくら利潤を獲得しても、独占ならば新規参入の心配はありません。

さて、製品の生産量を一個伸ばすと一〇〇円だけ限界費用がかかり、これを販売すると四〇〇円の増収が見込めるとします。では、独占企業はこの一個を生産すべきでしょうか？答えは簡単、「イエス」です。この一個を生産すると、限界収入と限界費用の差額三〇〇円の利潤が見込めるため、利潤極大を求めるなら生産すべきなのです。つまり、限界収入が限界費用を上回る限り、独占企業は生産を拡大して利潤を上乗せすることができるわけです。

図において生産量がQよりも小さければ、限界収入は限界費用を上回ります。一方、Qまで生産を拡大する間は手にする利潤が増えていきますが、いったんQを越えてしまうと、

独占企業の生産数量

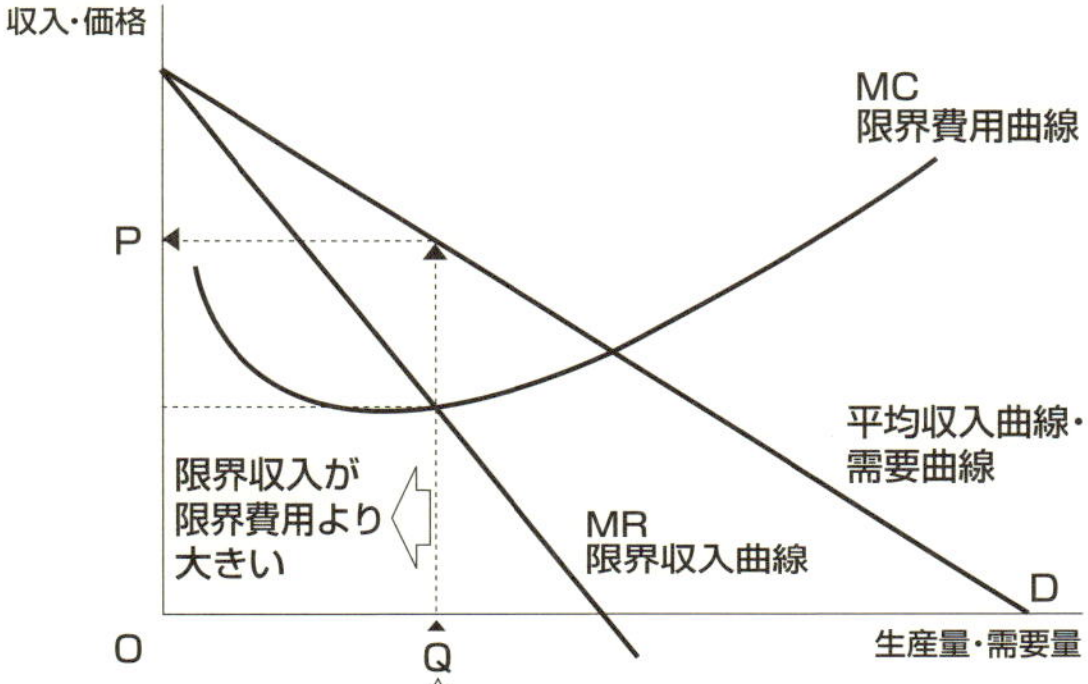

極大利潤となる生産量Q、独占価格はP

限界収入は限界費用を下回り赤字が出てしまいます。そうなると、埋め合わせのためにせっかくの利潤を吐き出さなければなりません。極大利潤を手にするには、限界収入と限界費用が一致するQに生産量を維持すべきなのです。なお、そのときの独占価格はPとなります。完全競争企業でも独占企業でも企業行動原理は同じであり、極大利潤は「限界収入＝限界費用」で達成できます。

独占企業や完全競争企業というのは、現実感に乏しいと思う人も多いでしょう。現実には、この二つの間にあると思われます。しかし両市場での理論展開は、もっと複雑である現実の市場を解明するときの貴重な手がかりとなるのです。

2-11 独占の弊害

独占企業はよく批判の対象になりますが、いったい何が問題なのでしょうか？ 前述の社会的余剰を思い出してください。社会的余剰の観点からすると、独占企業は二つの点で問題があります。一つは消費者余剰を犠牲にして独占利潤を手にしている点、もう一つはそもそもの社会的余剰が消失している点です。

完全競争下では図１のような社会的余剰になるはずですが、独占下では図２のようになります。競争下であれば均衡価格Ｅ０になっていたはずの価格が、独占企業の利潤極大化の原理により、均衡価格Ｅ０よりも高いＥ１に設定されてしまうのです。その場合、本来消費者が得るはずであった消費者余剰Ｐ１、Ｐ０、Ｅ０、Ｅ１が失われることになります。これが、「独占利潤は、もとを正せば消費者余剰」といわれるゆえんです。つまり、消費者から独占企業への所得再分配が独占の弊害の一つなのです。

また、二つの図を比べると、Ｅ１、Ｅ０、Ｅ２の面積分の社会的余剰は、誰の手にも渡

独占企業の弊害

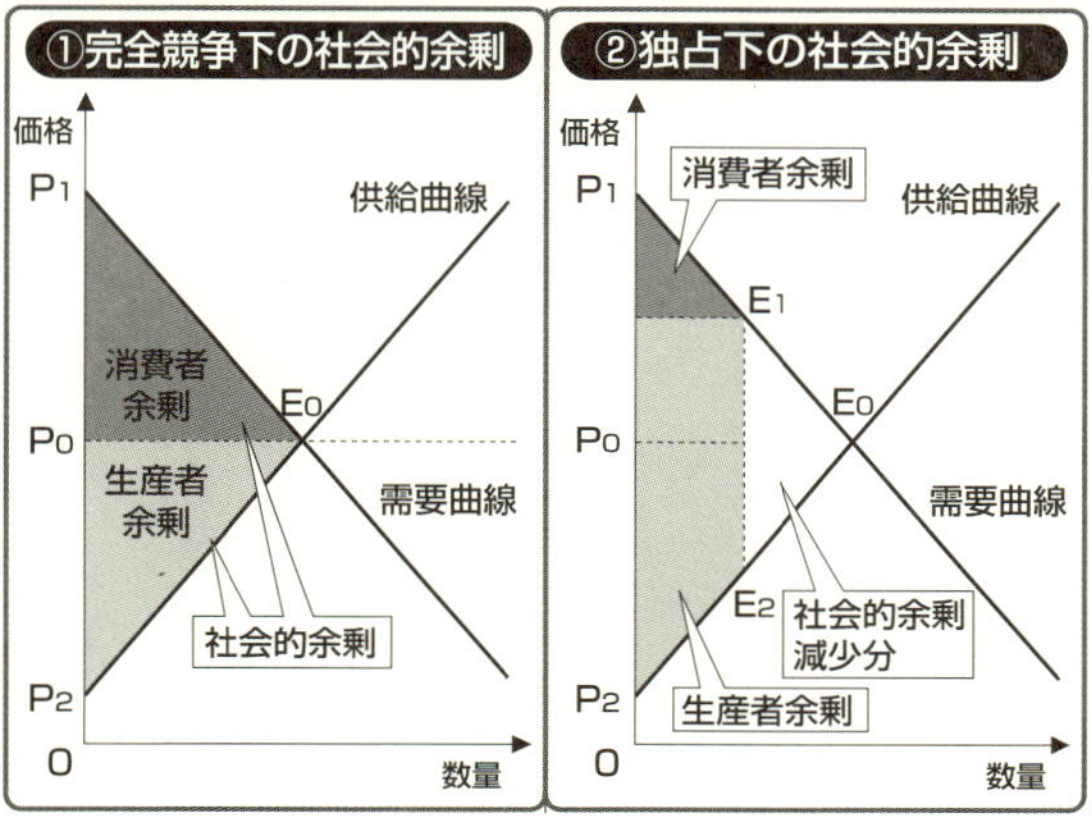

らずに市場から消失してしまっていることがわかるでしょう。これは「厚生ロス」といいますが、消失してしまうだけに、再分配よりも始末が悪いかもしれません。

これら二つ以外にも、「競争がないことによる非効率」という問題もあります。本来、完全競争下では売り手間で激しい競争が繰り広げられ、競争に勝ち抜くために企業は合理化やイノベーションのプレッシャーを受けます。ところが、独占市場ではライバルがいないため非効率的な生産システムが温存されたり、雇用条件に緩みが出てきたりするのです。これらに関しては、民営化前の国鉄や電電公社などのムダを思い浮かべればわかりやすいでしょう。

COLUMN

経済学の主要学説③
～リカード～

COLUMN

リカードは、移民の子ならではの探求心と独立心を旺盛に持ち、早くして実業界に踊り出て、青年期には地中海を股にかける独立商人として、その才覚を十二分に発揮しました。

およそ学究の世界からは縁のないリカードでしたが、バカンスで行ったリゾート地でたまたまスミスの『国富論』を見つけたことがきっかけとなり、独自の経済論を展開しました。

自由商人である彼が日頃苦々しく思っていたのは「規制」でした。国家の安全を守るためだとか、自国の産業を維持する目的だとか、およそ商人から見れば理解に苦しむ規制や保護品目が、スミスの時代同様に跋扈《ばっこ》する環境だったのです。リカードがスミスの議論を借りてきてまで経済論を説いたのは、ひとえにこのような規制の無駄をなくしたいと考えたからにほかなりません。

当時、スミスの分業論に対する最大の批判、つまり「他国に絶対負けない産業に特化すべし」（絶対優位）という考え方に対する攻撃は「安全保障」でした。「工業国として豊かになったとしても、食料を他国からの輸入に頼り切っていたのでは、国家の安全も何もない」というのです。この「安全保障」という攻撃に備え、リカードはまずスミスの議論を簡単な演算によって

リカードの予言

自由経済は株主、消費者、労働者などの立場に関係なく皆を幸せにする。ただ、皆が幸せになった市場は誰も儲からなくなり、活力をなくし、お役所的になる。

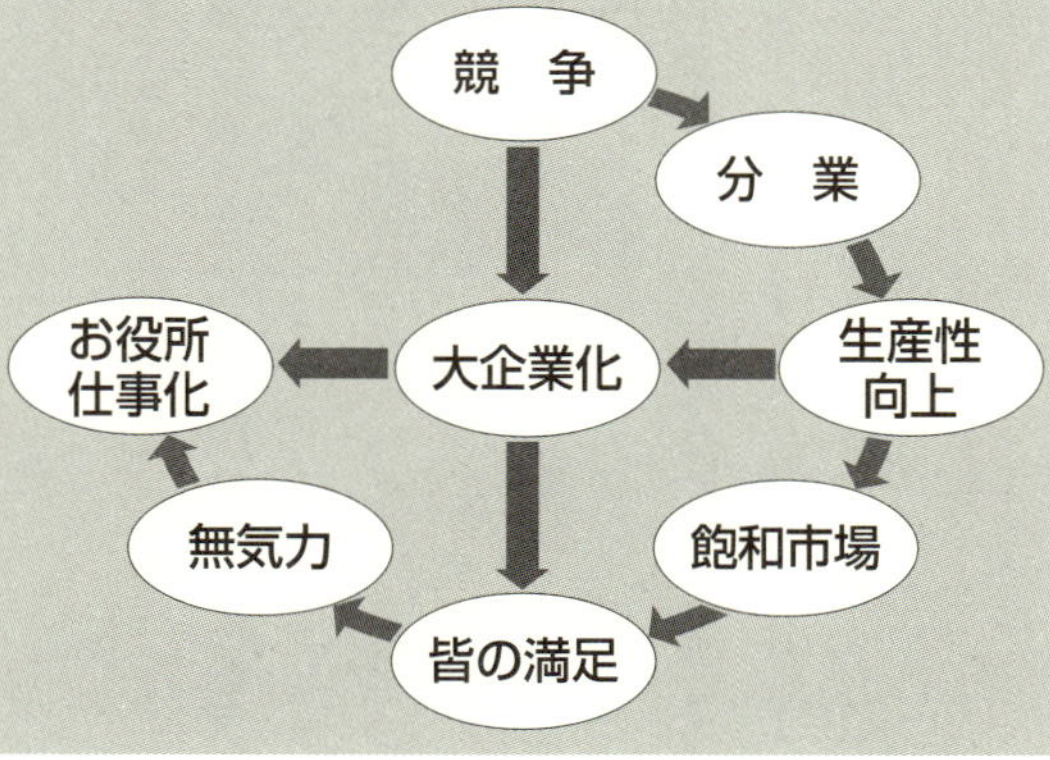

「自国内で比較的優れた産業に傾斜すべし」（比較優位）と修正しました。自由貿易ならば、そのほうが総生産量は増えると彼は論証したのです。

このように、リカードは実業家ならではの発想をもとに、多くの示唆を後世に残しました。彼が「国が得意とする産業は移り変わる」と考えたかどうかは定かではありません。しかし、比較優位論の裏には「時間の経過と平行してその国の得意産業は移り変わるため、常に現時点での得意産業を考え、自国の産業に傾斜させていくことが重要である」という考えが読み取れます。

COLUMN

経済学の主要学説④ ～マルクス～

マルクスの生きた時代は、経済環境的には惨憺たるものでした。長きに渡る経済恐慌によって失業者は増大し、生活に必要となる物資すらまともに行き渡らないというありさま。マルクスと彼の家族も恐慌の牙からは逃れられず、貧困を理由に次々と病没していったのです。最後の家族を栄養失調によって失い、さらにその棺を買うお金も足りなくなったマルクスは、自らを貧困の極みへと沈めた社会について考察を開始しました。

「〝見えざる手〟が競争を加速させ、生産性の向上を促すというのならば、自由市場は生産過剰に陥るのではないか？　なぜなら、一つの工業製品の需要は無限にあるものではなく、いずれは満たされ、そして払底していくものである。企業はそれでも生産を止めることができないため、やがて倒産し、大量の失業者を生む。これが恐慌のメカニズムなのだから、競争と恐慌は表裏一体であり、自由経済は必ず破たんする」——これがマルクスの主張であり、思い描いた未来像でした。

マルクスの予言が当たったか否かは、既に私たちのよく知るところであり、生産過剰についは、優れた経営者の企業努力によって調整されることが既に明らかになっています。しかし、

COLUMN

マルクスの予言

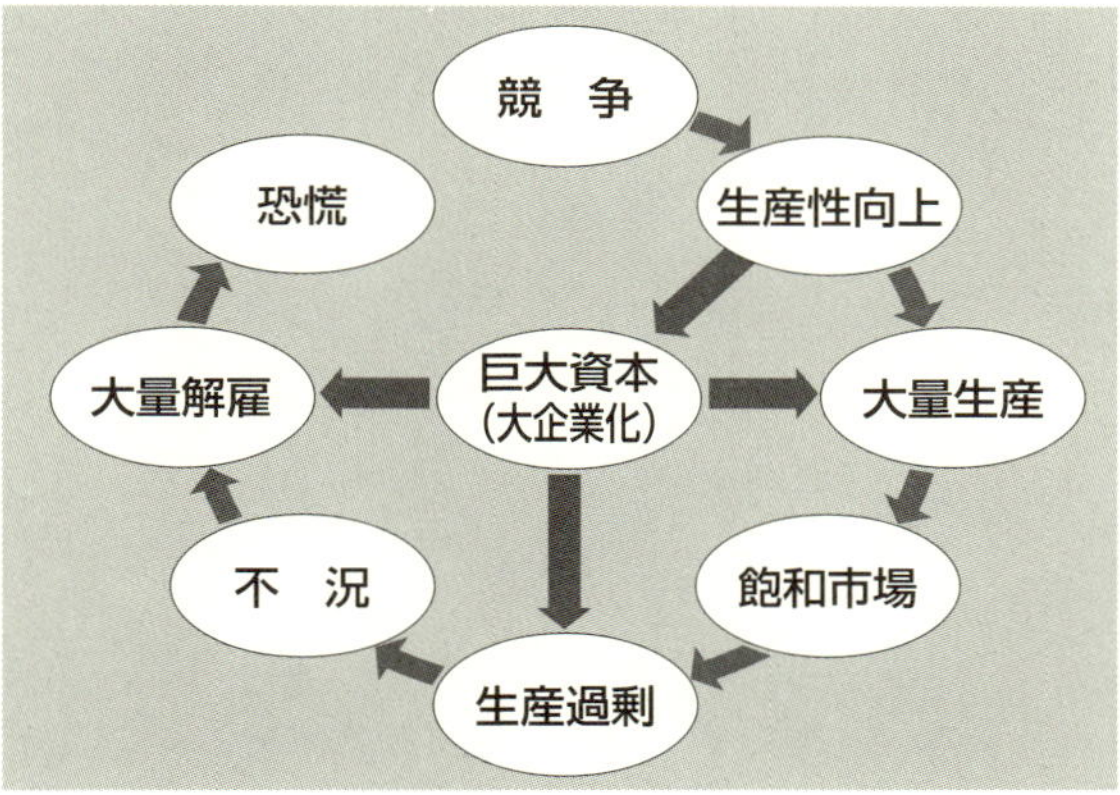

マルクスの「需要面への考察」は、現在でも重要な考えです。

スミスやリカードの時代は物資が慢性的に足りないため、「つくれば売れる」という時代でした。したがって、ただ「生産量をひたすら増やすこと」を目的に経済を考えてしかるべき時代だったのです。しかし、現代は「モノ余り」の時代であり、「つくっても売れないかもしれない」というのが、重要な判断材料となっています。この議論は後に紹介するケインズやフリードマンなどに引き継がれ、いまもなおインフレ・デフレをめぐる政策論争に影響を及ぼしています。

第3章
生産の経済学

3-1 生産可能曲線

経済の大前提として「経済資源は有限であり、その有限な資源をいかに使うかが問題である」と第1章で述べました。それを図に表したものを**生産可能曲線**といいます。

では、生産主体を一企業（E社）として、具体的に見ていきましょう。

図において、BとCを通る曲線がE社の生産可能曲線です。この曲線上にある生産活動はすべて最大限の生産能力を活用しています。

ちなみに同社はテレビだけを生産した場合、一分につき六台の生産能力があります。一方、ゲーム機のみを生産した場合は九台です。テレビが欲しい消費者もいれば、ゲーム機が欲しい消費者もいるため、企業としては両方を生産しなければなりません。ここで、テレビとゲーム機という**トレードオフ**が発生するのです。

E社がB地点を選んだ場合、テレビは五台、ゲーム機は四台生産可能です。また、C地点を選んだ場合はテレビ三台、ゲーム機八台です。BからCに移行する場合は、ゲーム機

E社の生産可能曲線

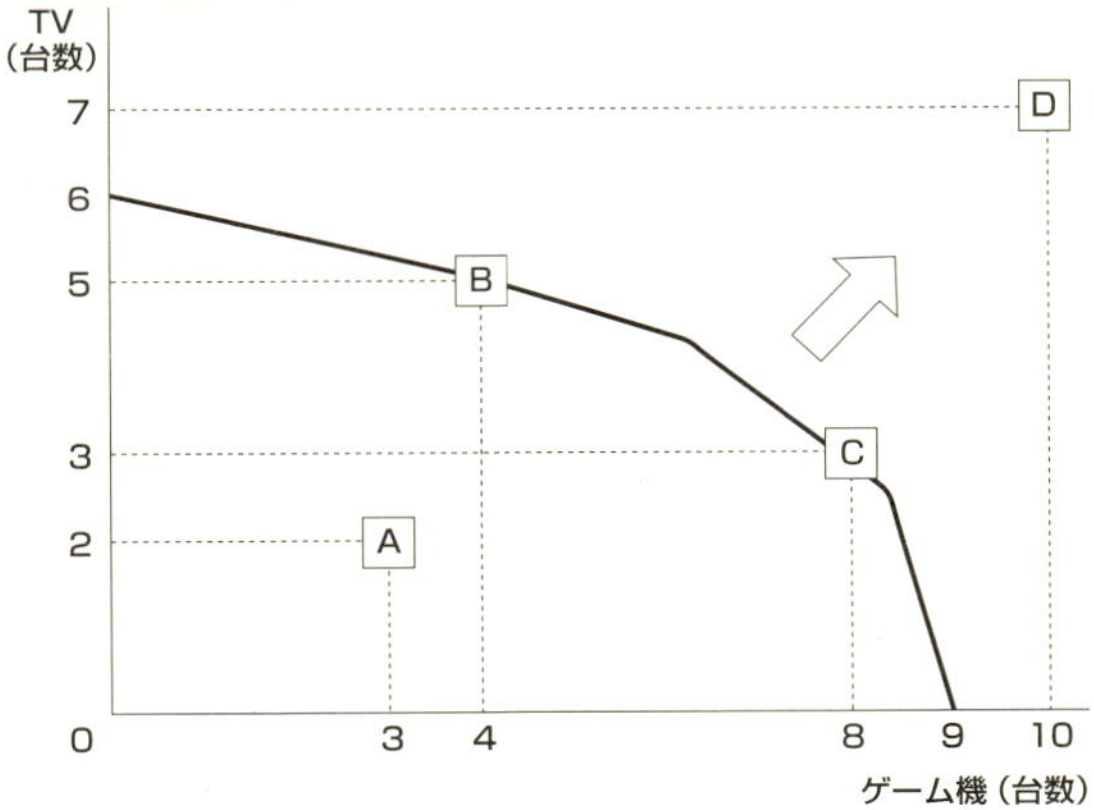

を四台増やす代わりにテレビを二台減らさなければなりません。また、CからBに移行する場合は、テレビを二台増やす代わりにゲーム機を四台減らさなければなりません。

もちろん、「テレビ二台、ゲーム機三台を生産する」というA地点での生産も生産可能曲線の内側であるため可能です。ただし、この地点においては経済資源を有効に活用できていません。

では、テレビ七台、ゲーム機一〇台を生産するD地点は、生産可能曲線の外側になるため無理でしょうか？　答えは、「技術革新（イノベーション）により、E社はD地点での生産も可能になる」です。

3-2 企業の供給行動 ～生産と労働～

完全競争市場では、売り手も買い手も価格をコントロールすることはできません。そのため、消費者は効用の極大を求めて商品購入量を調節し、売り手である企業は利潤を極大化すべく自らの生産量を調節します。

生産量を調節する方法には、**生産設備の変更**と**雇用労働力の変更**の二つがあります。生産設備の変更のほうは通常数カ月、新設なら数年の時間がかかります。経済学では生産設備の変更で対応するほどの長い期間を「長期」、生産設備の変更では対応できない程度の短い期間を「短期」とします。短期の生産調節は、基本的に雇用労働力の変更で行われます。

では、ある一定の資本設備を持ったパン工場が、労働者を雇い入れるという想定で考えてみましょう。

図は、労働者を増やしていったときの**限界生産力**の変化を示しています。限界生産力とは、一人労働者（資本）が追加されるごとに生産力がどれだけ増加するかを示すものです。一

限界生産力の変化例

投下労働者数（人）	限界生産量（個）	総生産量（個）	平均生産力（個）
1	10	10	10.0
2	15	25	12.5
3	20	45	15.0
4	15	60	15.0
5	10	70	14.0
6	5	75	12.5
7	4	79	11.3
8	3	82	10.3
9	2	84	9.3

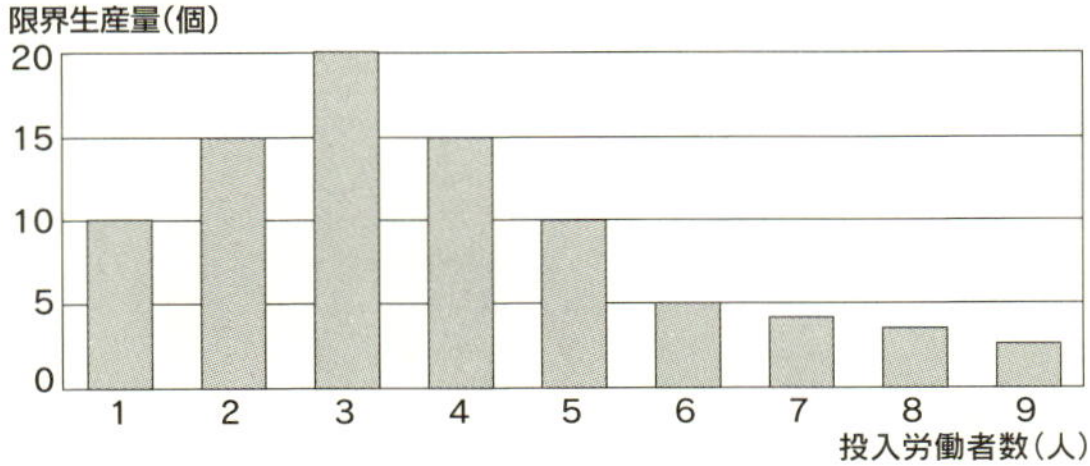

人目では一〇個、二人目では一五個、三人目では二〇個と、最初の何人かは分業などが進むために生産量が急増しますが、四人目からは一五個、五人目は一〇個と、（ある程度の人数を超えると）労働者を投入したわりに生産量が増えなくなります。これを**収穫逓減《ていげん》の法則**といいます。

限界生産力と総生産量が一致するのは一人目だけです。二人目の労働者を投入すると総生産量は二五個、三人目で四五個、四人目では六〇個となります。平均生産力は総生産量を総投入労働者数で割った値ですが、これは限界生産力よりはなだらかに伸び、なだらかに落ちていきます。

3-3 利益最大化の労働投入

前項で事例として取り上げたパン工場が、利益を最大化するにはどうすればよいのでしょうか？ 例に挙げた労働者の限界生産力のほかに、次の前提で考えてみましょう。

この工場が作っている製品の市場は完全競争市場であり、生産された商品はすべて単価一〇〇〇円で売りさばけ、五〇〇〇円の賃金で労働者を何人でも雇うことができます。賃金以外のコストは、労働者一人あたり一〇〇〇円の設備維持費のみです（パンの材料費などはないものと仮定）。経営者としての労働投入決定時の判断基準は「いかに利益を最大化するか」、いいかえると「新たに雇う労働者が果たして利潤の拡大に役立つかどうか」です。

上記の前提をすべてまとめると図表のようになります。表中の収入増加額は、その労働者を雇い入れ、生産に投入したときの収入面での増加分です。一人目で限界生産力一〇個、単価一〇〇〇円、売上一万円であり、費用である賃金の五〇〇〇円と維持費の一〇〇〇円を引いた四〇〇〇円が利益となります。二人目を投入すると、二人目の限界生産力は一五

労働力投入と利益増加例

労働者数（人）	限界生産量（個）	収入増加額（円）	総生産量（個）	総収入（円）	維持費（円）	賃金（円）	総費用（円）	利益総額（円）	利益増加額（円）
1	10	10,000	10	10,000	1,000	5,000	6,000	4,000	4,000
2	15	15,000	25	25,000	1,000	10,000	11,000	14,000	10,000
3	20	20,000	45	45,000	1,000	15,000	16,000	29,000	15,000
4	15	15,000	60	60,000	1,000	20,000	21,000	39,000	10,000
5	10	10,000	70	70,000	1,000	25,000	26,000	44,000	5,000
6	5	5,000	75	75,000	1,000	30,000	31,000	44,000	0
7	4	4,000	79	79,000	1,000	35,000	36,000	43,000	-1,000
8	3	3,000	82	82,000	1,000	40,000	41,000	41,000	-2,000
9	2	2,000	84	84,000	1,000	45,000	46,000	38,000	-3,000

費用の増分と収入の増分が一致

個なので、売上は二万五〇〇〇円、総費用は一万一〇〇〇円で利益総額は一万四〇〇〇円となり、一人目のときに対して一万円の利益増加になります。ゆえに、利益最大化のためには二人目は雇うべし、ということになります。

こうして計算していくと、図表では六人目で利益増加額がゼロとなってしまいます。そして、それ以上の労働力投入は利益増加につながらないどころか、利益増加額がマイナスになっています。つまり、費用の増分と収入の増分が一致する点で労働投入をやめるべきだということです。よって、この工場では、利益の最大化のためには六人以上を雇い入れてはいけないわけです。

3-4 限界費用

生産量を一単位増やしたときに必要な追加的費用を**限界費用**といいます。前項では、「労働力を投入したときに増加する生産量」について述べましたが、ここからは「生産量を一個増やしたときの費用増加」について考えていきましょう。

本来、費用には**固定費用**と**可変費用**の二種類があります。固定費用は（経営学では「固定費」と呼ぶ）は生産量に関係なく発生する費用であり、可変費用（経営学では「変動費」と呼ぶ）は生産量に比例して増加する費用です。たとえば原材料費などは通常、可変費用となります。ただ、前項のパン工場の例では、原材料費はかからず、費用は労働者の労賃と工場の維持費のみという前提を用いたため、引き続き、その前提で考えていくことにしましょう。

このパン工場において、三人目の労働者の限界生産力は二〇個で、労働者の賃金は五〇〇〇円でした。一人あたりの賃金五〇〇〇円を限界生産力の二〇個で割ると二五〇円とい

限界費用

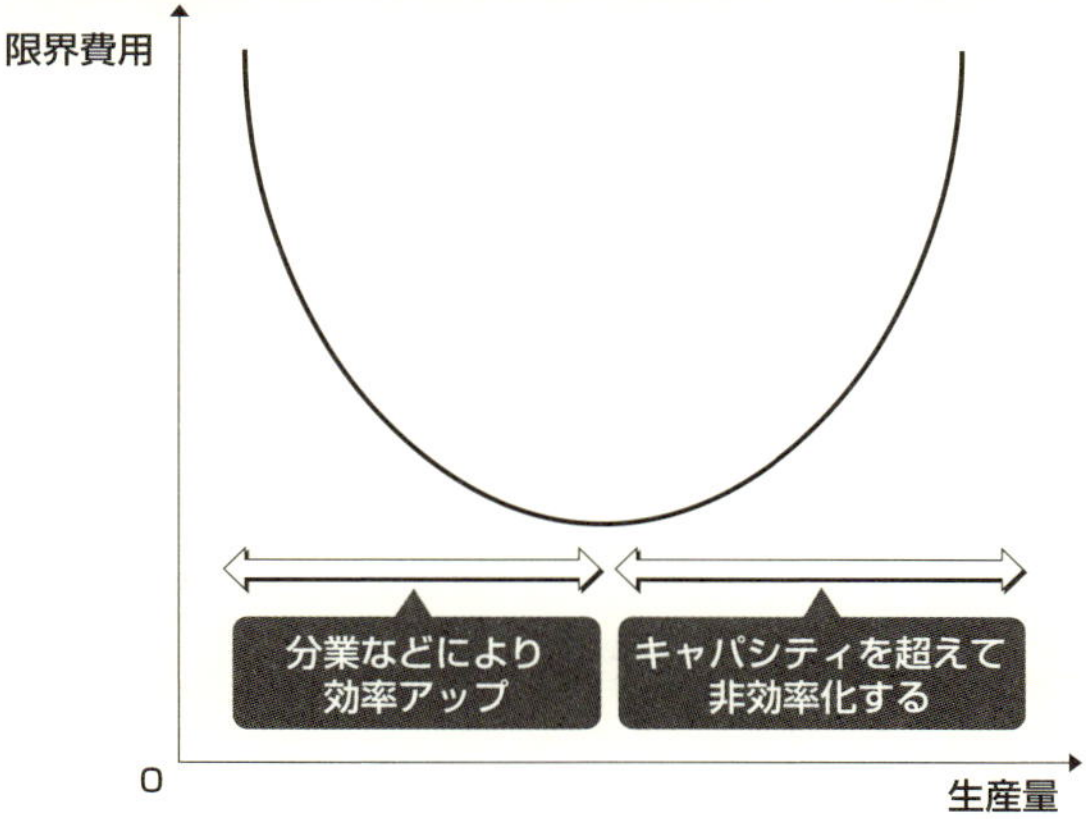

う数字が出ますが、これが、さらに一個だけ生産量を増やすときに必要な生産費の増分、つまり限界費用となります。

前項の図では労働の限界生産力は山型になっていましたが、では、限界費用はどうなるのでしょうか？

一つの工場での限界費用を考えると、生産量の少ない間は生産量が増えるごとに限界費用は減っていきます。しかし、ある生産量を超えて生産しようとすると、限界費用は急激に増えていきます。なぜなら、工場の最適な規模を超えて無理に生産をすると、さまざまな面での非効率（尻を叩かれすぎたため、かえって不良品が増えて歩留まりが悪くなるなど）が出てくるからです。

3-5 価格と限界費用

限界生産力が山形のグラフ（初期は労働投入すると限界生産力が増加するが、ある点を越えると減少する）で、限界費用は逆山形のグラフ（初期は追加生産あたりのコストが下がるが、ある点を越えると増加する）で表されるときに、生産量と価格はどのように設定すればよいのでしょうか？ 前項と同じパン工場を例に挙げて考えましょう。

図表は、この工場の限界費用曲線を示しています。ここでは生産量四五個のとき、限界費用が二五〇円で最小となっています。生産量がこれより大きくても小さくても、限界費用は二五〇円より高くなってしまいます。

では、この製品の市場価格を五〇〇円としたとき、利益を最も大きくするためにはどれだけ生産すべきでしょうか？ 四五個目の限界費用は五〇〇－二五〇＝二五〇となり、二五〇円という最大の儲けが出ます。利益を最も出したいときは、限界費用の最低点（ここでは四五個）で止めるべきだと考える人もいるでしょうが、重要なのは「最大利益幅と最

限界費用と極大利潤

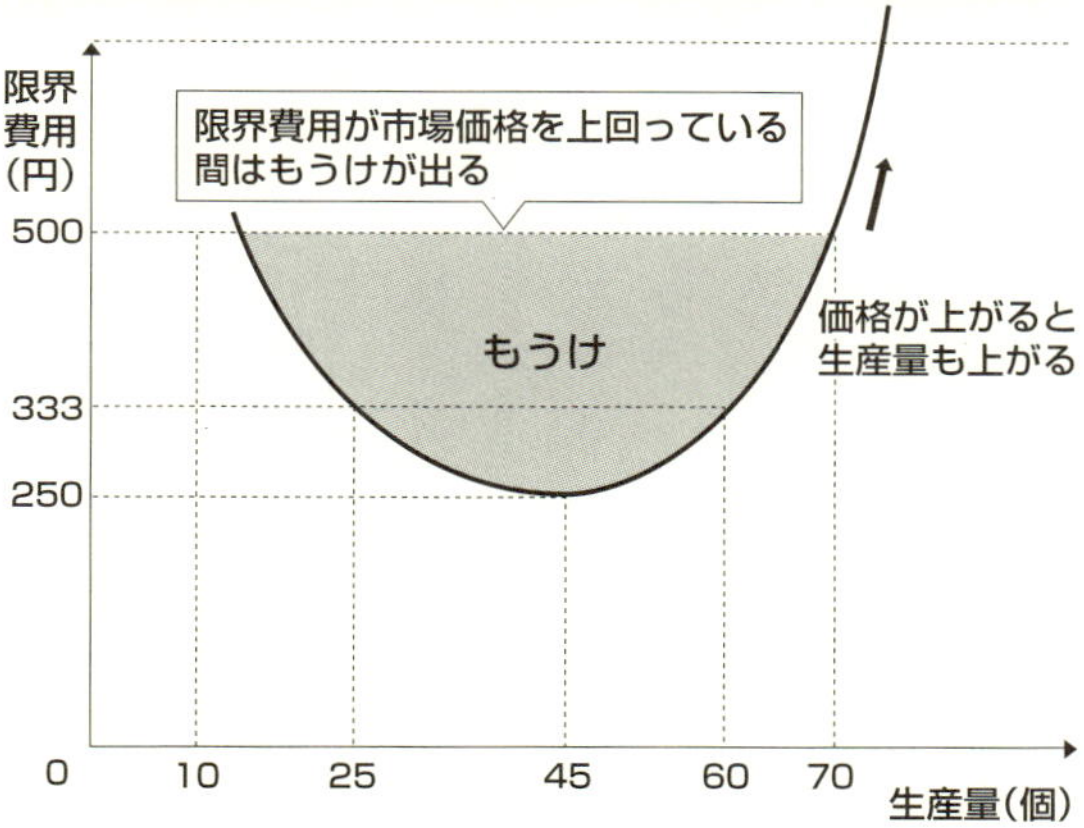

大利益を区別して考える」ことです。限界費用が最低になる四五個目では一個あたりの利益幅（儲け）が最大になりますが、これより生産量を増やしたときも、一個あたりの利益幅は減るものの総額の利益は増加します。たとえば六〇個目の限界費用は三三三円なので、ここでも一六七円の儲けが追加されます。そのため、六〇個目も追加すべきです。

では、七〇個目ではどうでしょうか？　七〇個目の限界費用は五〇〇円となり、儲けはなくなります。これ以降は限界費用が価格を上回り、総利益が減ることになります。限界費用が価格に一致した生産量七〇個が極大利益をもたらすのです。

COLUMN

経済学の主要学説⑤
～シュンペーター～

一九五〇年没のシュンペーターは私たちと近しい時代の人物であるため、その先見性もよりリアルなものでした。彼は学生の頃から天才肌をいかんなく発揮し、主著のほとんどを学生時代に書き上げています。晩年に中央銀行の総裁を務めましたが、やはり教壇に立つことを好み、ハーバードで多くの弟子を育てながら、戦後世界経済の礎となる多くの経営者を育てました。

「〝見えざる手〟ばかりを追いかけ回しても経済は見えてこない。もっと大局的に市場の中と外を見なければならない」――これがシュンペーターの経済学スタイルでした。たとえば、マルクスの項で述べた恐慌のメカニズムについても、「新規結合」という切り口で違った展開を想定します。

「企業競争によって生産が過剰になる。他方で、工業製品は市場に飽きられて必要とされなくなる。ここで製品は売れなくなる」――ここまでは、マルクスとシュンペーターが同じく思う市場の作用です。しかし、シュンペーターは売れなくなった製品に注目します。売れなくなったモノは、ほとんどタダ同然の値段で市場に出回ります。したがって、モノが売れない不況時、いわゆるデフレではモノが大量にあまります。製品だけではありません。資源や部品、設備、

COLUMN

新規結合の例（家庭料理の場合）

主婦が安売りで肉と野菜を大量に買い込む

↓

余ってしまったが、捨てるのも惜しいため、創作料理にチャレンジ

↓

「ナスと肉」「ジャガイモと肉」というような日本ではありきたりの組み合わせによる料理から、「トマトと肉」といった多少挑戦的な組み合わせによる料理も食卓に並ぶ

↓

その料理が、たまたま家族から「とても美味しい」と評判だった

＝

新規統合 ※もしもトマトサラダとステーキが出てきたら、新規統合は失敗

シュンペーターの経済モデル図

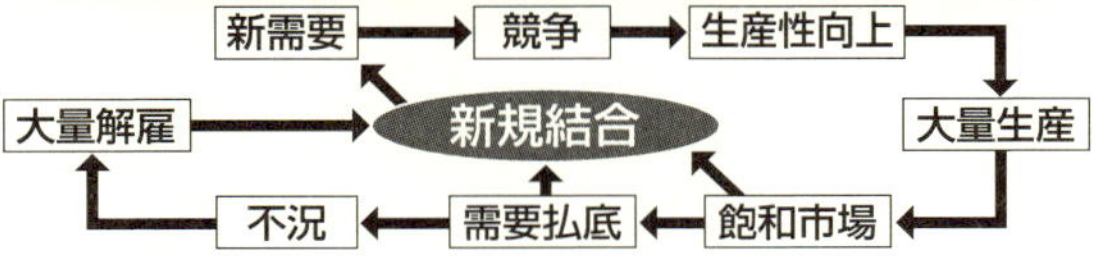

労働者など、あらゆるものが大量に安く出回ります。シュンペーターによれば、この余りモノが「新規結合」を成し、新しい製品となることによって新しい市場を切り開き、不況を打開するのです。

「デフレのたびに、新規結合が新たな景気を呼び起こすため、恐慌は一時的なものになる。そして、自由経済は新規結合にとって最適であるため、技術革新は時間とともに加速する」と彼は考えました。彼の描いた未来像は、「新規結合」が社会的にも経営的にも、そして技術的にも日常となっている姿なのです。

COLUMN

経済学の主要学説⑥
～予言の行方～

コラム「経済学の主要学説」①～⑤でリカードとマルクス、シュンペーターの主張を駆け足で見てきました。

まず、リカードは「自由市場は皆を幸せにするが、その結果はお役所的な世の中を招く」と断言しました。確かに、一〇～二〇年前は激しい競争を繰り広げて繁栄を極めながらも、現在はいくつかの巨大企業のみを残しただけになった産業の例はいくつかあります。繊維産業や製鉄などはその一例でしょう。これらの業界には毎年、高学歴の新人が嬉々として入社していきましたが、その主要企業は決して高いパフォーマンスを見せてはいません。そして、これらの産業は確かにお役所的・官僚的雰囲気を強く帯びています。

そして、お役所的な業界が永久的に存続できるかとなると、シュンペーターの言葉である「新規結合」が頭に浮かびます。お役所的業界といえば、最近までは銀行や通信などがその代表格でした。しかし残念ながら、銀行は直接金融の台頭や金融商品の新規開発、通信はインターネットを皮切りにADSLや光ファイバー、IP電話、携帯など日々目まぐるしい変化にさらされています。シュンペーターは「新規結合が日常化し、技術革新が延々と続く」といいました。確

COLUMN

３予言の行方

リカードの予言	伝統的または成熟市場で実現されやすい 例）出版、7年前までの通信や金融
マルクスの予言	巨大資本を必要とする産業で実現されやすい 例）ゼネコン
シュンペーターの予言	ほぼすべての市場で繰り返し実現 例）昨今の通信や金融業界

３人の共通点

市場の「需要調節機能」は、その「生産調節」ほど強くない

かに金融ではワラントと社債が一つになった商品などが続々市場に出ており、通信でも電話とインターネット、携帯、ケーブルテレビが一つになったサービスなどが出てきています。

そしてマルクスは、「競争は生産過剰を引き起こし、恐慌を生む」という最も悲観的な予言を残しました。彼の言葉はほとんど実現していませんが、まったく無視していいというものでもありません。彼が想定した経済、つまり巨大資本が安い労働者を大量に使っている業界（たとえばゼネコンなど）では、確かに恐慌状態が日常化し、既に国の助力なしでは立ち行かなくなっているからです。このように考えると、三者がそれぞれに想定した範囲内で予言は実現しているともいえます。

第4章
消費の経済学

4-1 消費と効用

市場価格が需要と供給という二つの力によって決まることは前述しました。需要とは家計（消費者の）行動であり、まさに私たちの日々の行動なのです。

消費者の満足感と効用

経済学では、消費者の購買行動（需要）を考えるうえでの「消費」について、「人々の満足・幸福をもたらす活動」であると定義しています。この幸福・満足を示すのが**効用**という概念です。わかりやすい言葉にすると、「人がある財貨またはサービスを消費することから得る主観的な満足感・幸せ感」とでもいえばいいのでしょうか。この概念を中心として需要の理論は構成されているのです。

経済学では、消費者（家計）にしろ、企業にしろ、「経済主体は合理的に行動する」という前提が常にあります。消費者は効用を最大化するような行動をとるという仮定をしているわけです。では、効用は需要の理論にどうかかわってくるのでしょうか？

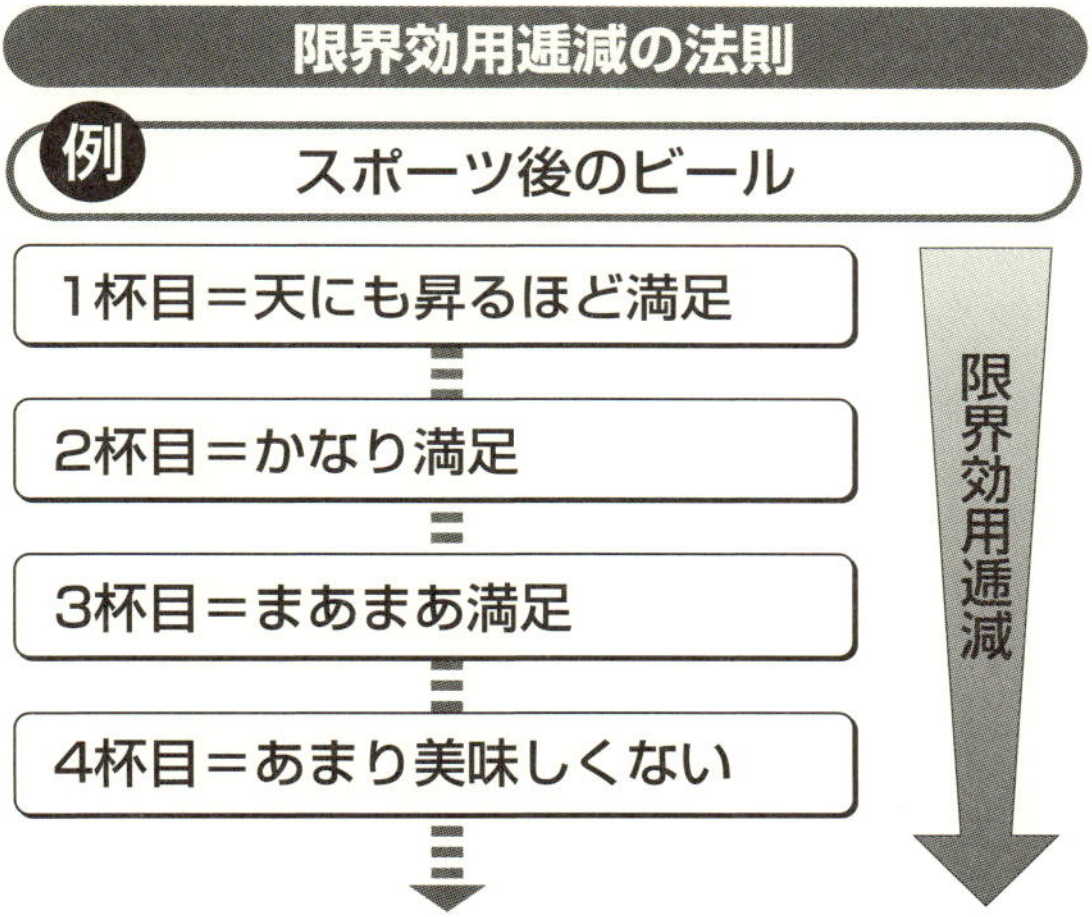
限界効用逓減の法則
例
スポーツ後のビール
1杯目＝天にも昇るほど満足
2杯目＝かなり満足
3杯目＝まあまあ満足
4杯目＝あまり美味しくない
限界効用逓減

限界効用逓減の法則

たとえばスポーツの後に飲むビール、とくに一杯目は格別という人は多いでしょう。一杯目のビールの満足度（効用）を仮に一〇とすると、通常二杯目はその値を超えません。

追加的な一単位の消費（この場合は二杯目のビール）がもたらす追加的な満足度を**限界効用**といいますが、一杯目のビールへの満足度（効用）に比べると、それは少なくなります。そして、三杯目以降の追加的満足（限界効用）はさらに低くなると想像されます。

この「限界効用は、消費量が増えるにしたがって徐々に減少する」という見方が「限界効用逓減《ていげん》の法則」です。ここでは、需要（消費行動）が盛んになるほど効用が減少します。

4-2 予算制約線

私たちは予算の制約がある中で何千、何万という商品に囲まれて生活をしています（ちなみに、一般的なコンビニエンスストアでも三〇〇〇種類もの商品を扱っているとか）。このように多種多様の商品・価格を比較検討して購入するのは複雑な作業といえるでしょう。

話をわかりやすくするために、缶ビールとリンゴの二種類の商品しか選択肢がないという状態を想定してみましょう。消費者の手持ちは三〇〇〇円で、ビールは一缶二〇〇円、リンゴは一個一〇〇円とします。

手持ち資金を使い切ってビールのみを購入すると一五缶、リンゴのみなら三〇個買うことができます。図表上の、一五缶のビールと三〇個のリンゴを結んだ直線上のすべてが購入可能となるわけです（実際にはビール〇・五缶などという買い方はありませんが）。このように消費者に与えられている予算上の制約を示す直線を**予算制約線**といいます。

消費者に予算の制約がある場合、予算制約線より右の点は選べません。なぜなら、予算

予算制約線の例

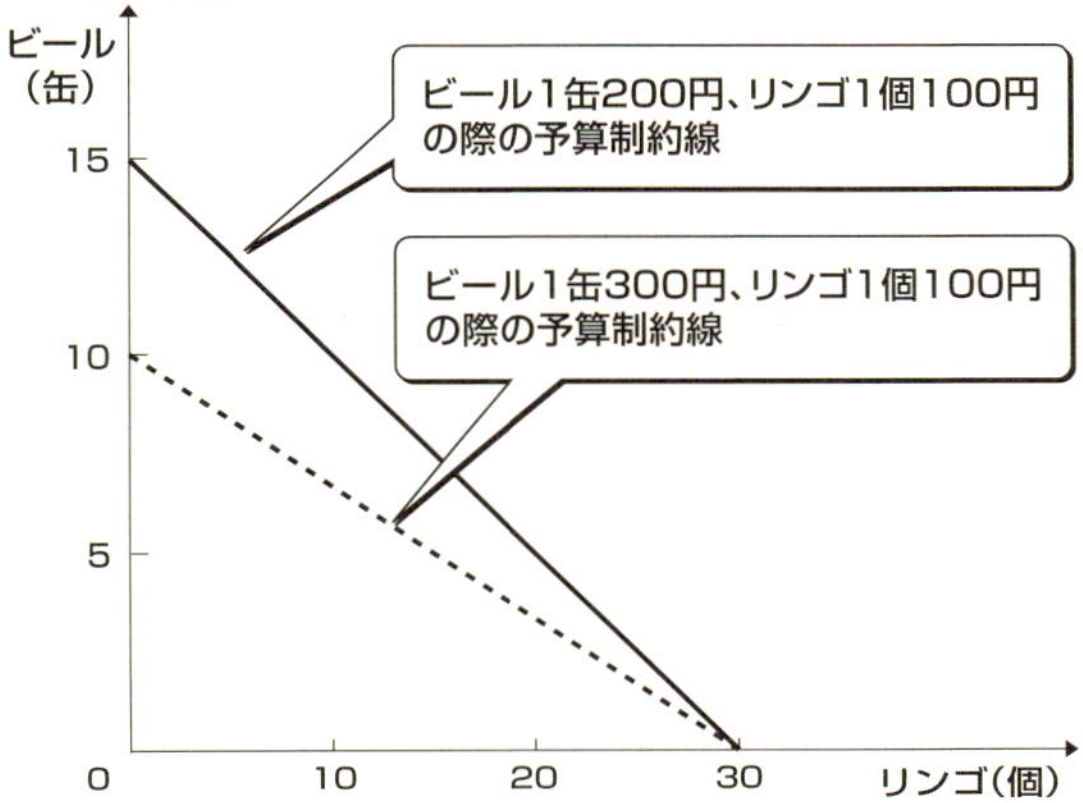

オーバーになってしまうからです。逆に、線より左側なら、どこを選んでも予算内に納まります。また、同じ予算を持っている人同士は同じ予算制約線を持つことになります。もちろん、その予算制約線上のどの点を選択するかは、各人の好みにより主観的に決定されます。

では、ビールが一〇〇円値上がりして、一缶三〇〇円になったときの予算制約線はどうなるでしょうか？　手持ち資金は同じ三〇〇〇円であるため、その三〇〇〇円をすべてビールに費やした場合の一〇缶と、先ほど求めたリンゴ三〇個を結ぶ線が、ビールが一〇〇円値上がりしたときの新たな予算制約線になります。

4-3 無差別曲線

ビールもリンゴも、消費すれば効用（満足感・満足度）をもたらします。

では、たとえば「ビール一五缶とリンゴ三個」「ビール五缶とリンゴ一五個」「ビール二缶とリンゴ二七個」という三つの選択肢があるとしましょう。そして、あなたはどれも同じくらい欲しいと思っているとしましょう。そのとき、この三つの選択肢はあなたにとって「無差別である（Indifferent）」といいます。つまり、あなたにとってこの三つの選択肢から得られる効用は、区別できるほどの違いがない状態であるということです。

この三つの選択をグラフに表すと、それぞれA、B、Cの点となります（図参照）。しかし、その三点間にも同程度の効用を得られる（無差別な）点は無数に存在し、それらをつなぐと曲線①になります。この線は**無差別曲線**といいます。

多くの人は、同じものばかりでは飽きるためか、ビールとリンゴという二財のバランスがとれた状態で効用（満足度）が高いという、図のような曲線になることが多いようです。

無差別曲線の例

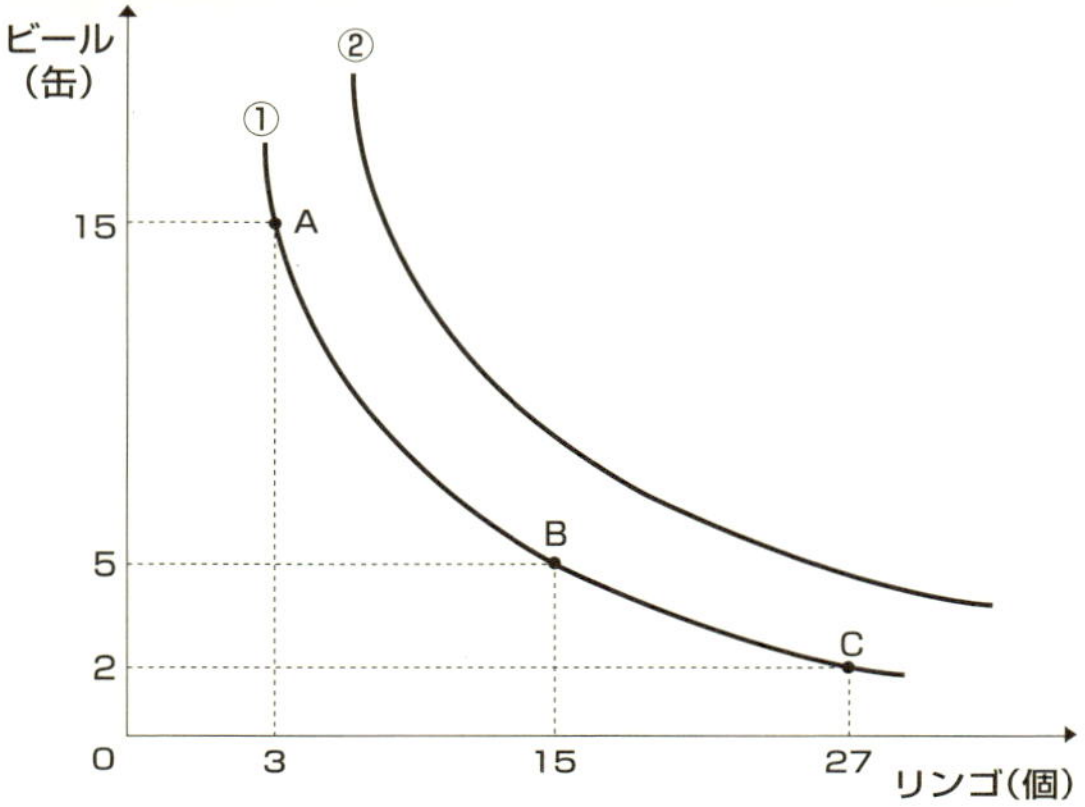

もちろん、この無差別曲線は各人の好みを示しているため、人により変化します。

また、同じ人であっても、無差別曲線は何本でも書くことができます。たとえば、もし予算の制約がなく、ビールとリンゴをそれぞれ二倍ずつもらえることになればトータルの満足度（総効用）は上がり、曲線②のような無差別曲線になるのです（図参照）。なお、右上にある無差別曲線ほど、より大きな総効用（大きな満足）を示します。

4-4 消費者の効用極大化行動

「予算の制約がある中で合理的に行動すると、人は購買できる商品の組み合わせのうち最大の効用をもたらすものを選択する」と経済学では仮定しています。これを**消費者の効用極大化行動**といいます。では、前項のビールとリンゴの例で説明していきましょう。

まずはビール一缶二〇〇円、リンゴ一〇〇円、手持ち資金三〇〇〇円での予算制約線ABで考えてみましょう。図によると、あなたは予算制約線AB上のWでもXでもZでも購入は可能です。しかし無差別曲線①によると、あなたを最も満足させる、つまり効用を最大化する組み合わせは予算制約線と無差別曲線の接点であるX点（ビール七缶、リンゴ一六個）です。なぜなら、ZもWも無差別曲線①よりも下にあるため、X点の効用よりも低いからです。確かに、もっと効用が大きい無差別曲線③も無差別曲線①の右上にありますが、これはあなたの予算制約線ABの右上にあるため、予算オーバーとなってしまいます。

次に、ビールが一〇〇円値上がりしたときの効用極大化点を考えましょう。値上がり時

予算制約線と無差別曲線による効用極大化例

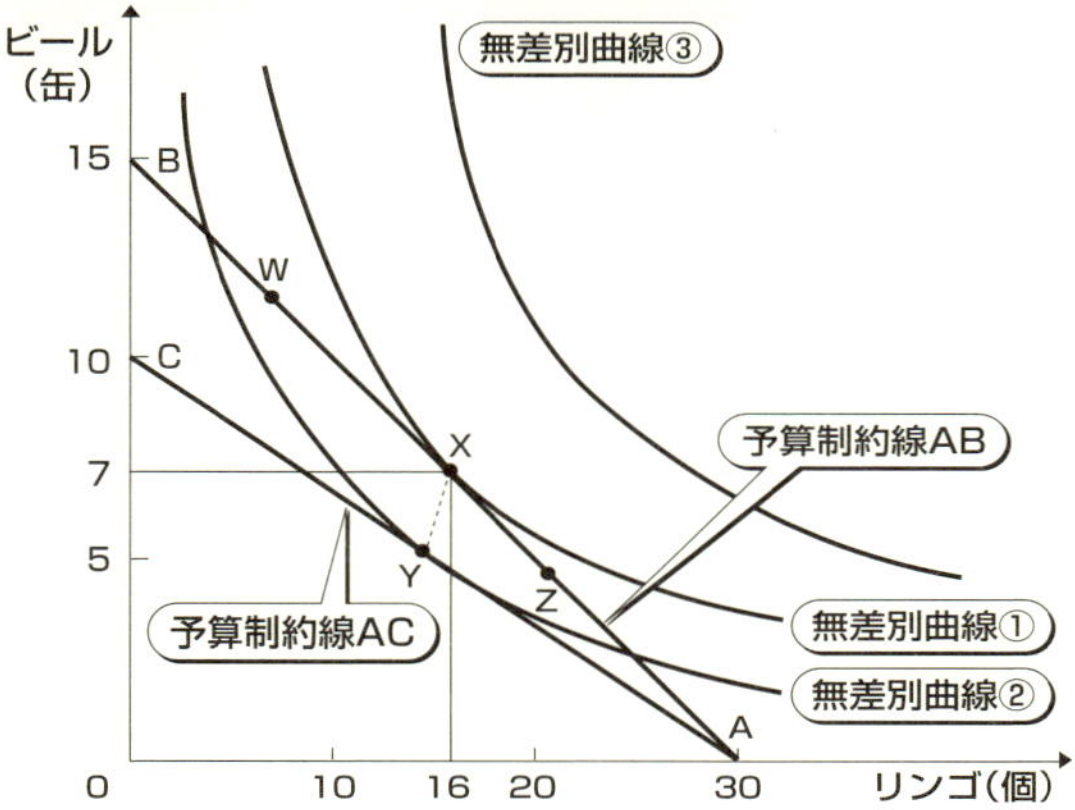

の予算制約線はACです。このとき無差別曲線①上の点Xは予算制約線ACよりも右上にあるため、予算オーバーになってしまいます。よって、新しい予算制約線と無差別曲線②の接点Yが、値上げ時にあなたの満足度を最大化する新しい効用極大化点となります。

ビールの値段がさらに上がると、C点はますます原点(0)に接近します。どんどん原点に近づいていく予算制約線と無差別曲線との接点の動きに注目すると、ビールの購入量がさらに減ることがわかるでしょう。「価格が上がれば需要量が減る」という右肩下がりの需要曲線は、こうした消費者の効用極大化行動(消費量の決定)から説明することができるのです。

4-5 所得と需要

家計の所得の変化と需要にはどのような関係があるのでしょうか？

所得が一％増えると、ある商品の需要が何％増えるかを示す値を**需要の所得弾力性**といいます。これに注目すると、商品は①所得の増加とともに需要が増加する商品群、②所得が増加しても需要が変わらない商品群、③所得の増加とともに需要が減少する商品群の三つに分類できます。このうち所得の増加とともに需要が増加するものは「上級財」や「通常財」、所得の増加につれて需要が減少するのは「下級財」や「劣等財」といいます。

では、財の価格は変わらず、所得のみが増加するというケースで考えてみましょう。引き続きビールとリンゴの例を用いますが、予算（＝所得）は四〇〇〇円に増加したとしましょう。この場合、予算の増加により、予算三〇〇〇円時の予算制約線ACが、新たな予算制約線A′C′になります（図1）。予算の増加は、予算制約線の右上への平行移動で表されるわけです。逆に、所得の減少は予算制約線の左下への平行移動で表現することができます。

所得と需要

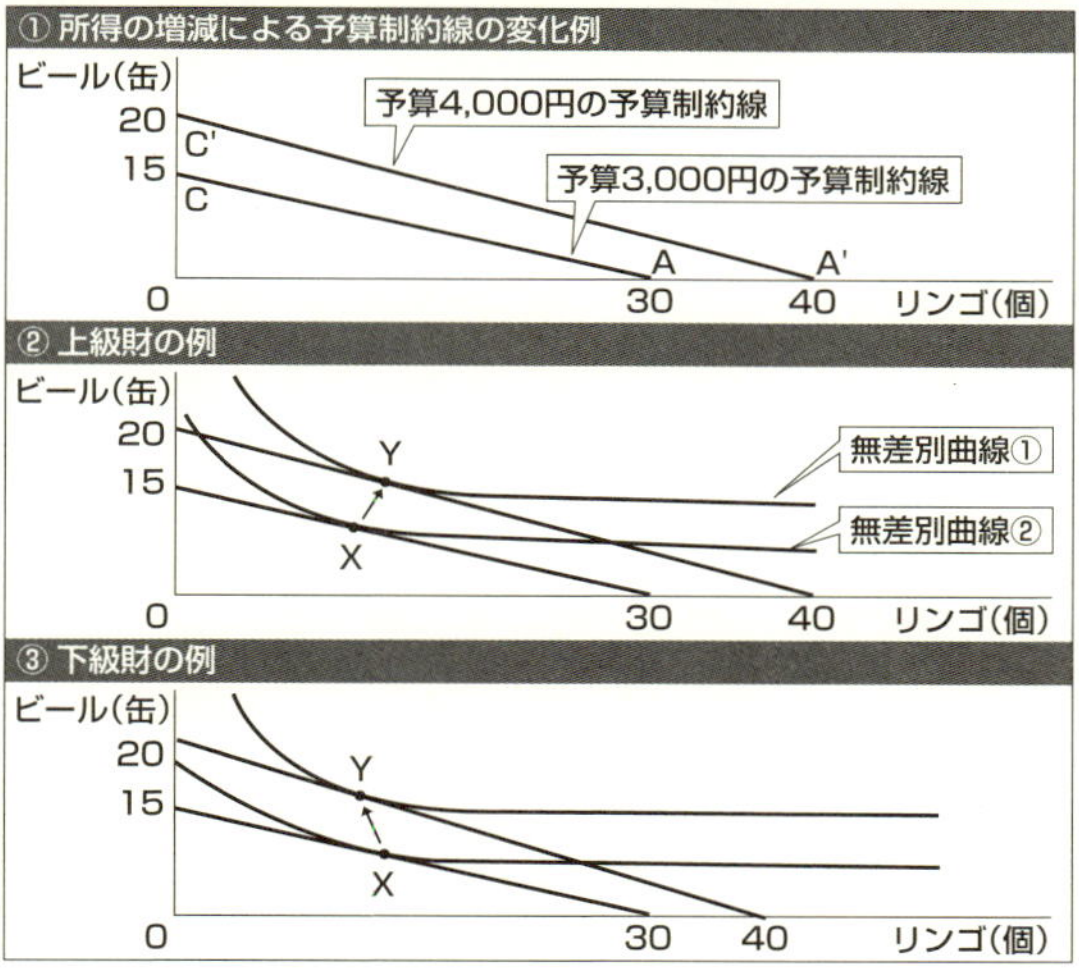

このときのあなたの無差別曲線を、それぞれ無差別曲線①、無差別曲線②としましょう（図2）。二本の無差別曲線は、X点とY点でそれぞれの予算制約線と接します。予算三〇〇〇円ではX点が、予算四〇〇〇円ではY点が効用を極大化し、予算（所得）の増加につれてビールの消費量が増加していることがわかるでしょう。所得の増加につれて需要も増加するため所得弾力性はプラスになり、このビールは上級財ということができます。

なお、図3は所得が上がると需要が減少し、所得弾力性はマイナスとなる下級財の例です。

4-6 価格と需要

一つの商品価格の変更はその商品の需要を変化させるだけでなく、価格に変更のないほかの商品の需要量を変化させることがあります。ある商品の価格が上昇（下落）したときに、価格に変更がないにもかかわらず需要量が増加（減少）するような商品を**代替財**といいます。ある目的を達成するために選択可能な商品群が代替財というわけです。

たとえば、インターネットで大容量の常時接続通信環境という目的を達成するためには、ADSLもあれば光ファイバーもあります。映画のチケット代が高くなれば、レンタルビデオで間に合わせようとする人が増えるかもしれません。また、コーヒーとお茶、お米とパン、コーラとジュース、日本酒とビール、バスとタクシーなど、私たちの身の周りには代替財の例がたくさんあります。

経営学では、何を代替財とするかは重要な戦略イシュー（問題）です。なぜなら、たとえばファストフードのハンバーガーの代替財としてすぐに思いつくものとしては立ち食い

代替財と補完財

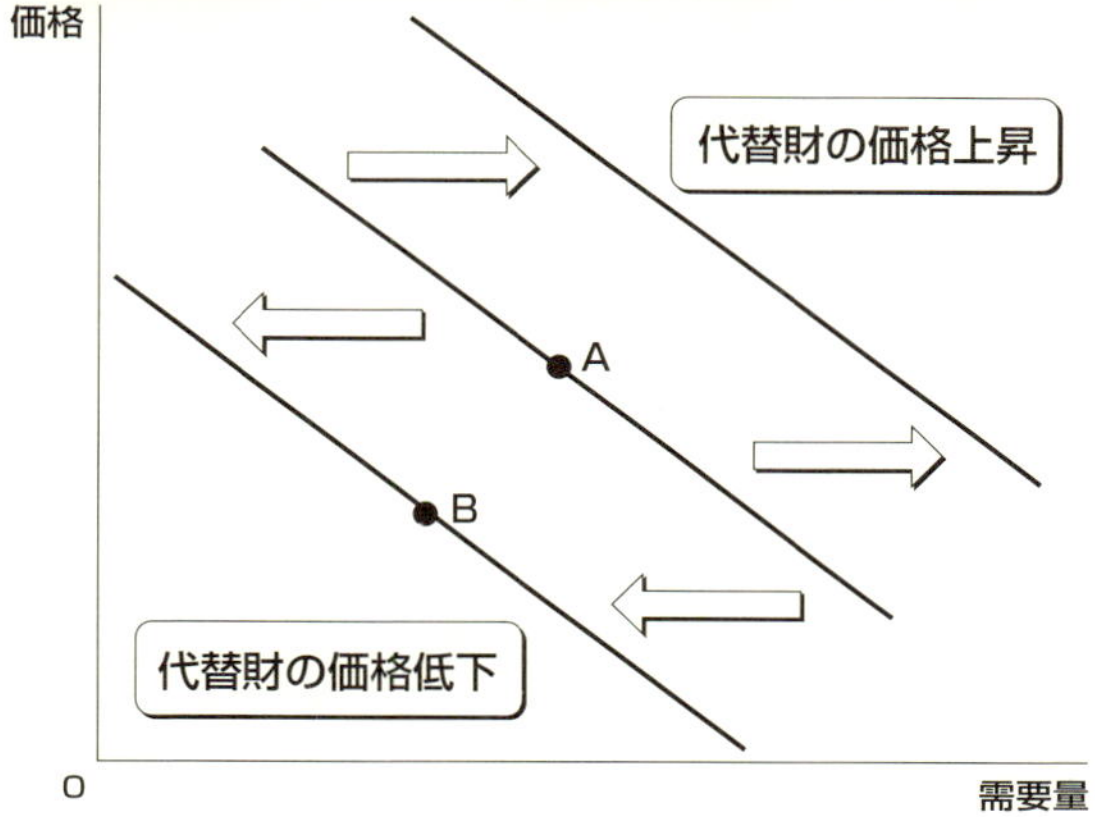

そばや牛丼があるでしょうが、コンビニ弁当やデパートの地下食料品売り場の総菜も代替財として十分に考え得るからです。

ある商品の価格の上昇（下落）により、価格に変更のないほかの商品の需要量が減少（増加）するとき、この商品は**補完財**と呼ばれます。価格変更をされた商品の消費目的を達成するために、同時消費される一連の商品群が補完財なのです。たとえばパンとバター、刺身と醤油、シャープペンシルと替え芯などは補完財であることが明快です。中には、ビールと枝豆を補完財に入れたいという人もいるでしょう。そのほかにも自動車とガソリン、ヒゲ剃りとシェービングクリームなど、補完財はいたるところにあるのです。

4-7 所得と賃金

経済学では、所得が増加すると総効用も増加する（お金が増えると満足度・幸せも増える）という世界観があります（お金で幸せは買えない云々というような理屈は、ここでは忘れてください）。

資産運用による財産所得を得られるという一部の恵まれた人を除いて、大多数の人は労働をし、その対価として賃金をもらって所得を増加させます。実際に、経済学は労働を苦痛（負の効用）とみなします。苦痛を伴うからこそ、金銭的代償として労働者は賃金を要求するのです。では、その賃金はどのようにして決まるのでしょうか？

労働者の賃金の決定も、基本的には労働市場の需要と供給のバランスで決まります。たとえば、好況時には多くの企業が労働力を必要としますが、労働市場の労働力（労働者）は限られたものであり、急に増加させることはできません。そのため需要（企業の労働者募集）が供給（労働者）を上回り、賃金は上昇傾向になります。

労働の認識

経済学の認識

労働＝負の効用
↓
金銭的代償として賃金を要求

経営学の認識

労　働
‖
いかに正の効用化をするか

一方、不況時においては、企業はリストラなどにより労働力を減少させ、生産コストの削減に取り組みます。その結果として、労働市場には労働力が溢れることとなります。つまり、不況時には労働市場において供給が需要を上回ることになり、賃金は下降していくわけです。

ただし、実際の賃金は、労働市場の需要と供給のバランスのみで決まるわけではありません。先進国の多くの企業では、賃金の決定は労働者側と経営者側の交渉で決定されます。そして、そこには各企業の財務体質や賃金政策などが影響してくるのです。

COLUMN

経済学の主要学説⑦
～学派の形成～

リカード、マルクス、シュンペーターは、それぞれに支持者を得て三つの主要学派を形成していきました。それぞれ旗頭の名からリカーディアン、マルキスト、シュンペータリアンと呼ばれています。シュンペータリアンは「新規結合」に代表される経済学外、また非数学的な考え方を重視していたため、社会学や経営学の分野で発展しました。経済学では、主として産業論や成長論など「前提や環境が大きく変わっていく条件下での研究」において功績を重ねています。また、マルキストは社会主義国家の相次ぐ崩壊を受けて大いに揺れましたが、やがて市場メカニズムを受け入れていきました。そして自由市場の欠陥を補強するアプローチを求めて、徐々に法学や社会学へと軸足を移しています。

三つの学派の中で主流派たる地位を確立したのは、実はリカーディアンでした。「見えざる手」の信奉者たちが経済学の首座に就いたのは当然の帰結ですが、それに加えて、彼らの議論の手法が最も洗練されていたためです。これはマーシャルと弟子たちの功績によるところが大きく、他の社会科学に先駆けて「数学的手法」（経済現象を数学的に表記する）を取り込んだ結果です。

さて、ここで三つの学派すべてが見落としていた経済問題について触れておきましょう。そ

COLUMN

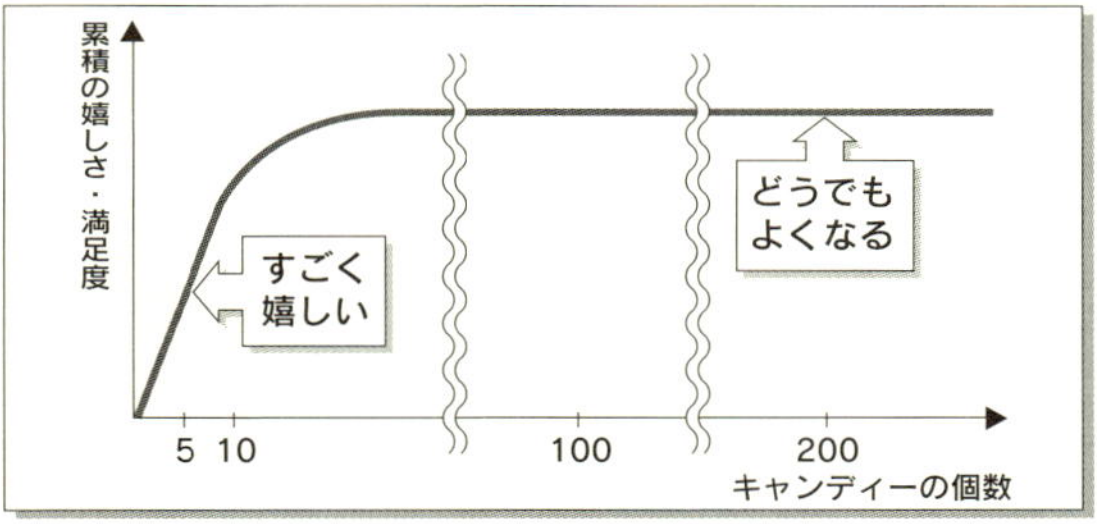

れは「自由市場が適切にするのは生産だけではないのか?」という問題で、学説史的には、ワルラスなどが「限界革命」としてこの問題を提起しています。要約すると、「人は飽きる」ということです。たとえば、キャンディーを五個もらうよりは一〇個もらうほうがはるかに嬉しいでしょうが、一〇〇個もらうのと二〇〇個もらうのとでは、その嬉しさはあまり変わらなくなるわけです。そのため需要は生産に追いつかず、どんどんへこんでいくということです。

「つくれば売れる」という前提がおかしいという議論は、リカーディアンとマルキストの間で百出していました。しかし、「売れなくなったときはどうすればいいのか?」という議論については、双方ともに未熟であり、シュンペータリアンが新規結合という切り口でわずかに前進していたに過ぎません。そしてワルラスによる限界革命の主張は、この問題が「未曾有の不景気」という特殊な状況で意識すべきことではなく、もっと日常的な経済問題だと納得させるものでした。

COLUMN

経済学の主要学説⑧
〜ケインズ〜

前コラムの問題における最も高度な解を見出したといわれる英国の学者ケインズについて見ていきましょう。ケインズはもともと数学者でしたが、師のマーシャルが「経済現象を数学的に表記」していることに興味を持ち、そちら側に転向しました。彼は、どちらかといえば自由経済、つまり「見えざる手」に懐疑的な見方をしていましたが、当時流行していた共産主義的思想はもっと嫌いでした。結局、そのどちらにも拠らない独自の考え方を表明し、双方との口論を受けて立つため、高度に哲学的かつ数学的論文を無数に発表したのです。

ケインズの数ある論文の中でも、とくに現代にまで強く影響しているものに「乗数理論」があります。要約すると、「〝見えざる手〟は不況のときにはダメだ」となります。なぜなら、「へこんだ需要は自然に回復しないので、不況脱出のためには政府がお金をばら撒いてでも消費を喚起しなければならない」からです。

この「乗数」という名称は、元数学者としてのケインズの嫌味な冗談です。政府が公共事業の発注を通じて企業に資金を提供すれば、①設備投資が増える、②雇用が充実する、③消費が増えるなど、お金を使う行動が互いに連鎖し、政府が投資した資金量の二乗、三乗の消費が喚起されるということを表したものでした。ある意味、「ミニバブルを起こしましょう」という趣旨のことを意地悪く、また小難しく説明したものと考えていいでしょう。

しかし、あわれな後世の学者たちはケインズのこの冗談に振り回されてしまいます。彼らは以後、数十年をかけて「公共投資の効果は乗数的なほどすごくない」と、細かいことをひたすら論証させられる羽目になるのです。

経済学ではこれに似た話がいくつかあります。たとえば「食料は加算的にしか増えないが、人口は幾何級数的に増加する」という言葉があります。何やら難しそうな言葉に見えますが、実は「人口はねずみ算で増えるが、食料は足し算でしか増えない」という意味なのです。これは人口・経済学者であるマルサスの警告ですが、実際には私たちは少子化に悩み、その一方で食料は余るほどつくったりしています。つまり、ジョークだったのです。

ケインズの「乗数」の冗談もそうですが、経済学者はムダに数学的表現をちりばめて人々を煙に巻こうとする習性を持っています。たとえば、メディアでよく「逓減、逓増」や「限りなくゼロに近い」という言葉を目にしますが、それぞれ「少しずつ減る、少しずつ増える」「なくなる」という意味です。このように難解な表現だからといって深い意味があるとは限らないため、必要以上に難しく考えることはありません。

第5章

景気の経済学

5-1 総生産量の決定①
～セイの法則～

経済学ではどのようにモノやサービスの総生産量が決定されるのでしょうか？ 総生産量については、経済をどう見るかによって経済学者間に意見の相違があり、二つに大別することができます。一つは、「すべての市場で価格メカニズムがうまく機能して資源を効率的に配分する」という考え方です。これは、古くはアダム・スミスなどの古典学派や最近のマネタリストなどが主張する理論ですが、ここでは労働市場を考えることによってその理論を説明することにしましょう。ただ、説明の簡単化のために、労働以外の天然資源や工場などの生産要素の供給量は一定であり、労働の質は同じであるとします。

総生産量は労働量の増加とともに増加します。この関係を表したものが上図です。ここでの労働量と生産量の関係は、労働量が増えれば増えるほど生産量に与える効果は少なくなるとされています。

次に、労働市場の需給関係を見てみましょう。下図は、労働市場の需給関係を表したも

労働量の増加と総生産量

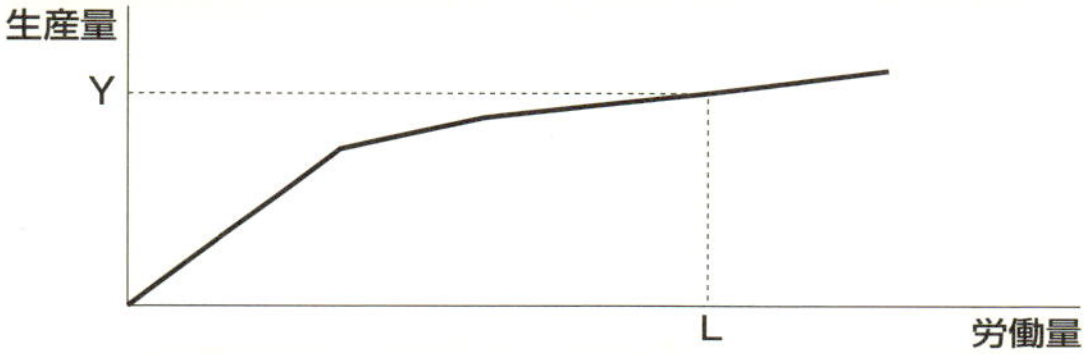

労働市場の需給関係

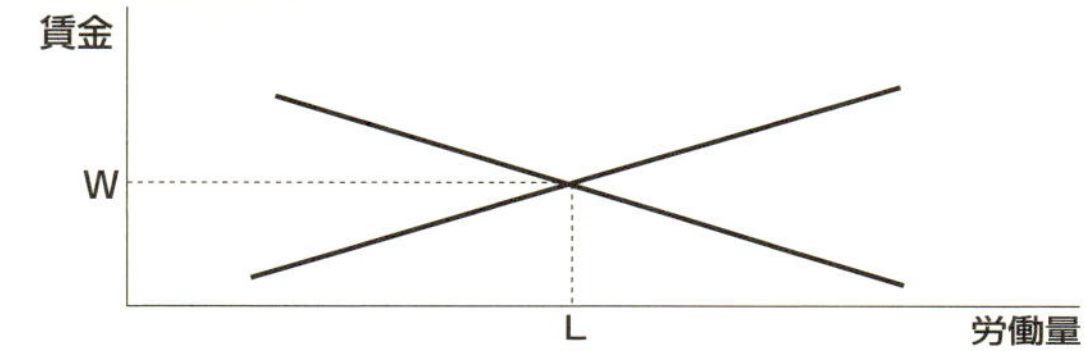

のです。賃金が高くなると労働サービスを提供したくなる人々が増え、労働の供給量が増加します。一方で賃金の上昇は生産コストを上昇させ、企業の利益を圧迫するため、企業は労働需要を減少させます。この労働市場において、売り手である労働者と買い手である企業は賃金Ｗと労働量Ｌで均衡します。つまり、その地点では「働きたい」という労働者と「働いてもらいたい」という企業が過不足なく存在するということです。さらに、この市場において適正な労働量はＬとなるので、上図に戻り、総生産量はＹと求めることが可能です。供給がそれに見合った需要を創り出すわけです。これは経済学における古典派の学者を代表する考え方であり、**セイの法則**といいます。

5-2 総生産量の決定②　～有効需要の原理～

ところで、労働市場は常に完全雇用の状態にあるのでしょうか？　実際の経済における、市場の賃金で働きたくとも仕事に就くことができないという事象を見ると、どうも完全雇用は机上の空論にもとれます。

そこで出てくるのが「価格メカニズムは完全には機能しない」という、総生産量の決定についてのもう一つの考え方です。ケインズが唱えたこの考え方は**有効需要の原理**といい、供給が需要を創り出すとした「セイの法則」とはまったく逆のものです。有効需要の原理においてて、ケインズは「有効需要がその産出量を決定する」としました。ここでの有効需要とは、現実の購買力によって裏付けられた総需要を指します。

では、事例で考えてみましょう。

家計は所得の中から食料品などの商品を購入したり、サービスを利用したりして、その残りを貯蓄に回しています。社会全体の貯蓄に回される率を二〇％とすると、国民所得と

国民所得と民間消費の関係

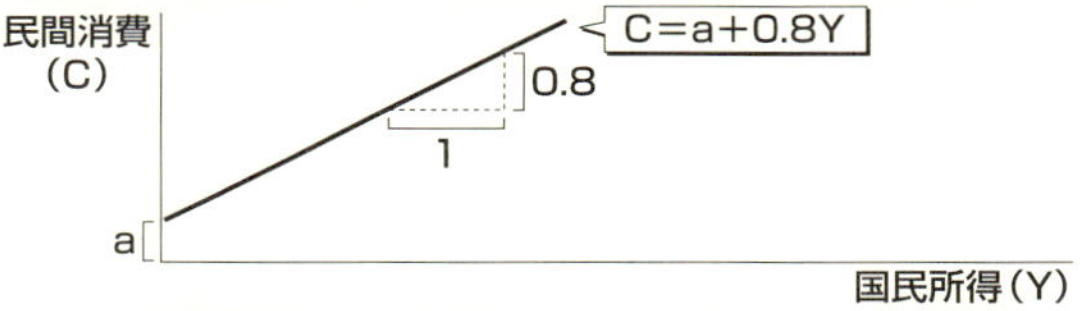

総需要と総供給

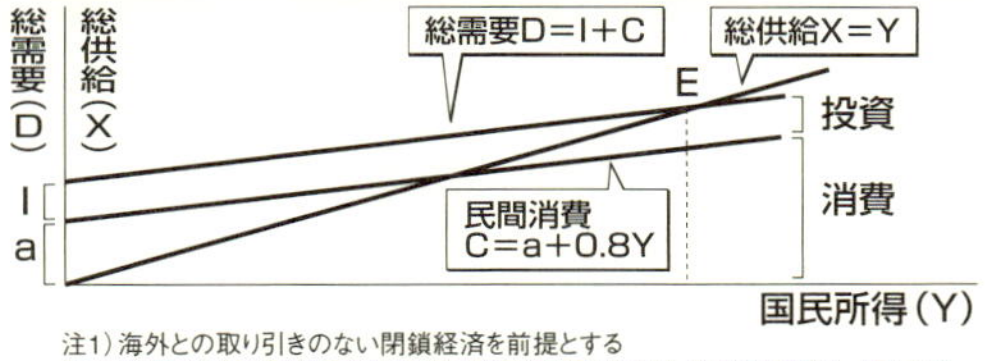

注1) 海外との取り引きのない閉鎖経済を前提とする
注2) 経済は家計の消費需要と企業の投資需要から成り、企業の投資は一定とする

民間消費の関係は上図のようになります。消費「a」は所得がなくても人が生活に最低限必要な食料などの消費となり、貯蓄や借入れによってまかなわれます。つまり、民間消費は必要最低限の消費aに国民所得の八〇%を足したものになるということです。

この民間消費に企業の投資Iを足したものが、この経済における総生産量になります。有効需要の原理では、商品やサービスに対する需要と等しくなるように国民総生産が決められるため、総需要と総供給は等しくなります。これを表したのが下図の総供給直線（X＝Y）です。よって、国民の生産量は均衡点のE点となることがわかります。

5-3 インフレーション

インフレーション（インフレ）とは、簡単にいうと「全般的にその国のモノの価格が上昇すること」です。インフレの状態にはさまざまなものがありますが、**コストプッシュインフレ**および**ディマンドプルインフレ**がその代表的なものといわれています。

コストプッシュインフレは、生産コストの上昇によって起こるインフレです。たとえば、円安などにより輸入による原材料価格が上昇したり、労働市場の逼迫《ひっぱく》により労働者の賃金が上昇して、その賃金上昇率が労働生産性の上昇率を上回ったりした場合、企業は商品の価格を値上げせざるを得ません。そのため、インフレが起こるのです。

一方、ディマンドプルインフレは、需要が増加して製品供給が逼迫したときに起こるインフレです。景気が過熱して多くの消費者がより多くのモノを求めるようになると、供給者側である企業の生産が追いつかず、市場ではモノ不足の状況になります。そこで企業はモノの値段を上げて需給バランスを保とうとするため、物価の上昇が起こるのです。

インフレーションとは

インフレーション（インフレ）
＝
全般的な物価の上昇

コストプッシュ型	ディマインドプル型
生産コストの上昇によるインフレ	需要が増加したことによるインフレ

では、インフレーションは経済に対してどのような影響を与えるのでしょうか？

まず、家計に対しては、貨幣価値の低下ということから資産の目減りを、また全般的な価格上昇により実質所得の減少をもたらします。さらに、インフレを収束するため、政府・中央銀行は金利を引き上げます。この金利の引き上げは、住宅や自動車など高額な商品をローンで購入しようとする家計にとっては大きなデメリットになります。これらの結果として、インフレ下では家計の経済活動にブレーキがかかるようになります。

また、企業にとっては貨幣価値が減少することによって貯蓄が減少し、銀行からの融資が受けにくくなります。

5-4 デフレーション

デフレーション（デフレ）とはインフレーションと逆の現象であり、全般的にその国のモノの物価が下落することを意味します。

一見すると、物価の下落は消費者にとってプラスの事象であるように感じられるかもしれません。しかし、単に物価だけが下がるというものではなく、デフレは消費力の低下による物価の下落であり、経済に深刻な打撃を与えるものなのです。

企業の過剰生産により市場にモノが余るようになると、企業はその価格を下げて過剰な在庫を調整します。価格が下がれば、その分企業の収益も悪化します。そのため企業は、生産量調整および収益確保の観点から、賃金の削減や労働者の解雇または採用の抑制などのリストラに注力するようになります。そして消費者の所得の減少による消費力の低下が、さらなる物価の下落を招くのです。

このように物価下落と景気後退が同時に起きるデフレが、らせん状（スパイラル）に繰

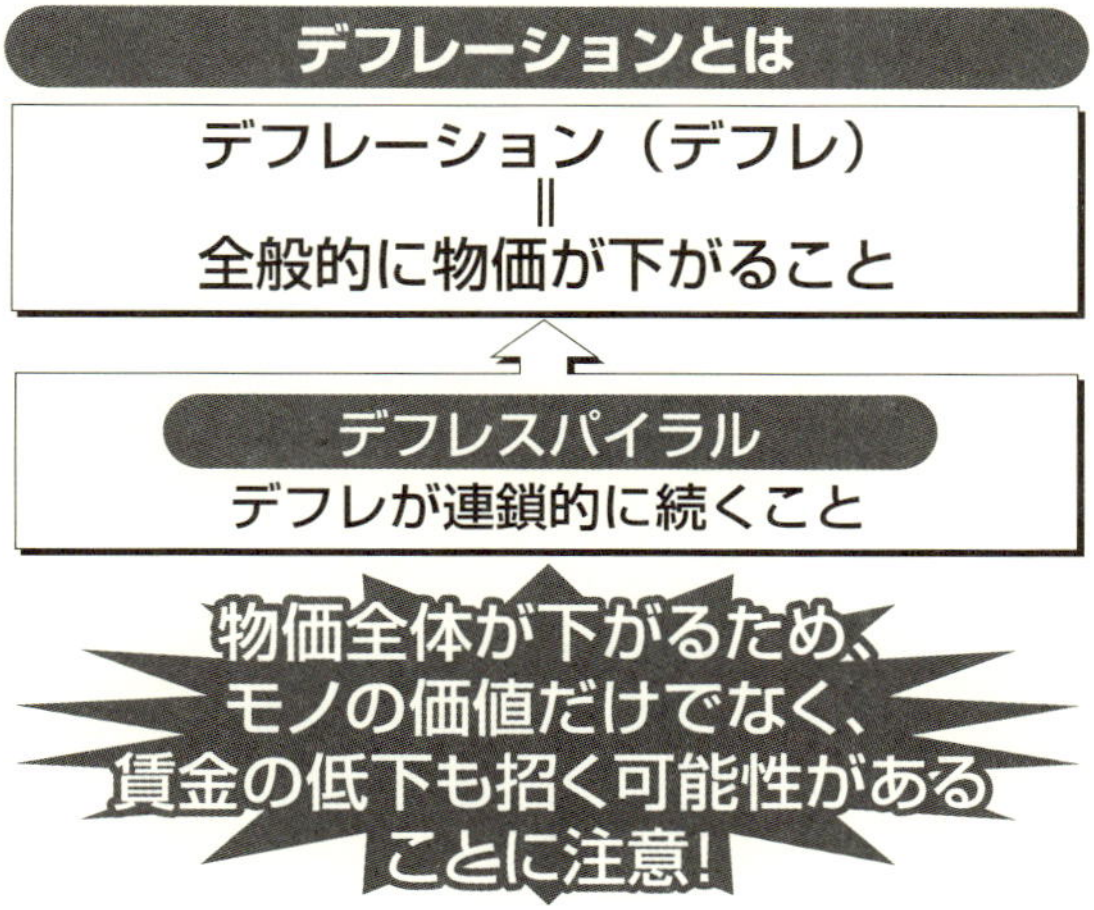
デフレーションとは
デフレーション（デフレ）
＝
全般的に物価が下がること
デフレスパイラル
デフレが連鎖的に続くこと
物価全体が下がるため、モノの価値だけでなく、賃金の低下も招く可能性があることに注意！

り返されていくことを**デフレスパイラル**といいます。いったんデフレスパイラルに陥ると、そこから抜け出すのは難しくなります。

　では、デフレーションは経済にどのような影響を与えるのでしょうか？

　家計にとって、物価の下落は喜ばしいことです。しかし同時に、所得の減少やリストラなどによる将来に対する不安もあるため、消費意欲は減退します。一方、企業にとっては生産してもモノが売れなくなるため、新規の設備投資や労働力の採用を抑制するようになります。また、所有株式や不動産の資産価値下落により、財務体質も悪化していきます。株式や不動産の価格の下落はとくに「資産デフレ」といわれ、バブル後に多発しました。

5-5 家計と経済

家計は経済主体の中で最も小さな構成主体です。家計自体は給与や年金、利子、配当などの所得から（もしくは借入れを行って）生活に必要なものを購入（消費）し、残りを貯蓄に回すという経済行動をとっています。

一件の家計というのは、前述のように経済の中では小さなものですが、家計全体を見渡すとＧＤＰに占める最も大きな構成要因となっています。

二〇〇一年度の日本では、ＧＤＰ五〇三兆円に対して家計の消費は二七九兆円であり、構成比は五五・五％となります。

この家計の消費も、景気の波に影響されます。

具体的に説明すると、好況で企業の生産活動が旺盛なときは、家計が得る賃金収入も増加します。また、好況時には金利や株価も上昇し、金利収入やキャピタルゲインなども増加して、家計の消費に対する意欲も増大します。こうして好況時は家計の将来の収入に対

世帯あたり消費支出額の構成比の推移（全世帯）

（単位：%）

	1980年	1985年	1990年	1995年	1996年	1997年	1998年
食料	29.03	27.00	25.37	23.67	23.43	23.49	23.81
住居	4.63	4.64	4.76	6.49	6.76	6.69	6.21
光熱・水道	5.74	6.49	5.51	6.05	6.18	6.32	6.41
家具・家事用具	4.28	4.27	3.98	3.81	3.72	3.64	3.61
被服および履物	7.88	7.18	7.38	6.15	5.90	5.80	5.49
保健医療	2.54	2.54	2.85	2.99	3.12	3.23	3.41
交通・通信	7.99	9.06	9.47	10.02	10.60	10.42	10.65
教育	3.61	3.97	4.65	4.67	4.51	4.57	4.46
教養娯楽	8.51	8.86	9.68	9.59	9.69	9.85	9.88
その他の消費支出	25.79	25.99	26.34	26.56	26.10	25.97	26.06

資料）総務庁統計局（現総務省統計局統計センター）『家計調査年報』（平成10年）大蔵省印刷局（現財務省印刷局）より作成
出所）水野正一ほか編著『現代経済学』中央経済社

する安心感も手伝い、消費が増大して景気の促進を促します。

一方、不況時は企業の生産活動は停滞し、企業は賃金カットや解雇などのリストラを行います。また金利や株価も下落し、金利収入やキャピタルゲインも著しく減少します。その結果、家計の収入は減少し、家計の消費行動は慎重になります。住宅や高額な耐久消費財などの購入が控えられるようになるうえに、将来に対する不安から消費を極力控え、貯蓄を増やしたりするようになるのです。

このように、家計はそのときどきの経済の状況に対して敏感に反応しているのです。

5-6 市場均衡の変化①
～所得増加による需要曲線の移行～

市場は需要と供給のバランスによって適正な価格へと向かいますが、適正価格は一定ではありません。第2章の「需要」と「供給」の項で述べたように、需要曲線、供給曲線ともにさまざまな要因によって動いているからです。では、各曲線の変動によって適正価格はどのように変化するのでしょうか？　みかんを例に挙げて説明しましょう。

まず、経済成長により消費者の所得が増加すれば、消費者は以前よりみかんを多く需要すると考えられます。この場合需要曲線は右にシフトし、適正価格は二〇〇円から二五〇円に、適正取引量は二〇〇〇トンから二五〇〇トンへと増加します（図参照）。

ここで注意しなければならないのは、需要の法則によれば「価格が上がれば、需要量が減少するはず」だということです。しかし、ここでは価格も需要量もともに上昇しています。経済学ではこの現象をどう説明するのでしょうか？

実は、需要の法則はあくまでも一需要曲線についてあてはまることであって、需要曲線

所得増加による需要曲線の移行例

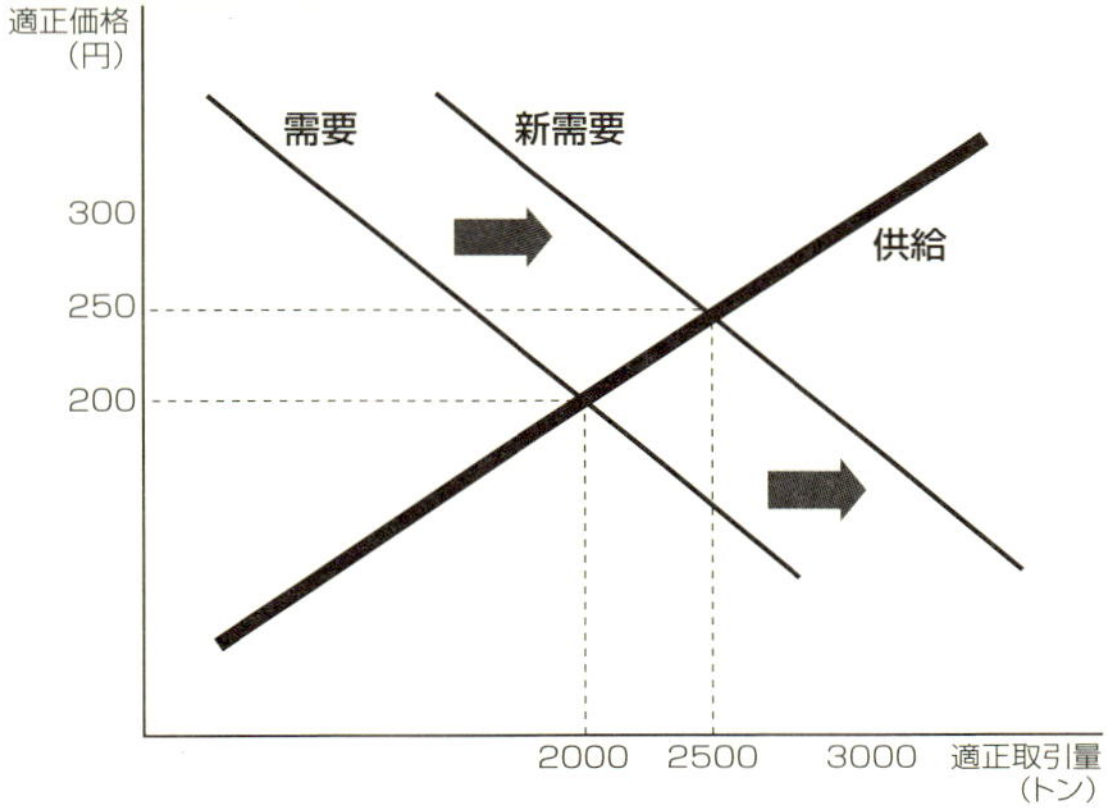

のシフトに関するものではないのです。つまり、みかんの価格変化による需要の増減と、経済環境が変化した場合の需要曲線のシフトによる需要の変化は区別して考える必要があるというわけです。

また、需要曲線の移行に関して所得の増加と同様の効果をもたらすものに、代替品の値段の上昇などがあります。たとえば、みかんの代替品としてグレープフルーツを考えた場合、それが値上げされることによって、一部の消費者はグレープフルーツを買うことをあきらめ、みかんを購入するようになるでしょう。そのため、以前よりみかんの需要が多くなるわけです。

5-7 市場均衡の変化②
～技術革新による供給曲線の移行～

では、技術革新は供給者にどのような変化をもたらすのでしょうか？

技術革新により、供給者は生産コストを下げることが可能になります。たとえばみかんの生産の場合、新たな農薬や耕作機械の開発により、同じコストでより多くのみかんが収穫できるようになるのです。よって供給者は、同じ値段でもより多くのみかんを市場に供給することができます。

第3章で、技術革新により生産可能曲線が外側にふくらむ（同じ経済資源を用いて、以前より多くのモノを生産できる）ことを説明しました。そしてここでは、その技術革新が生産コストの引き下げをもたらしているわけです。この場合、供給曲線は右にシフトして適正価格は二〇〇円から一五〇円に減少し、適正取引量は二〇〇〇トンから二五〇〇トンへと増加しました。

ここでは前項の需要の場合と同じく、みかんの価格の変化による供給量の増減と、経済

技術革新による供給曲線の移行例

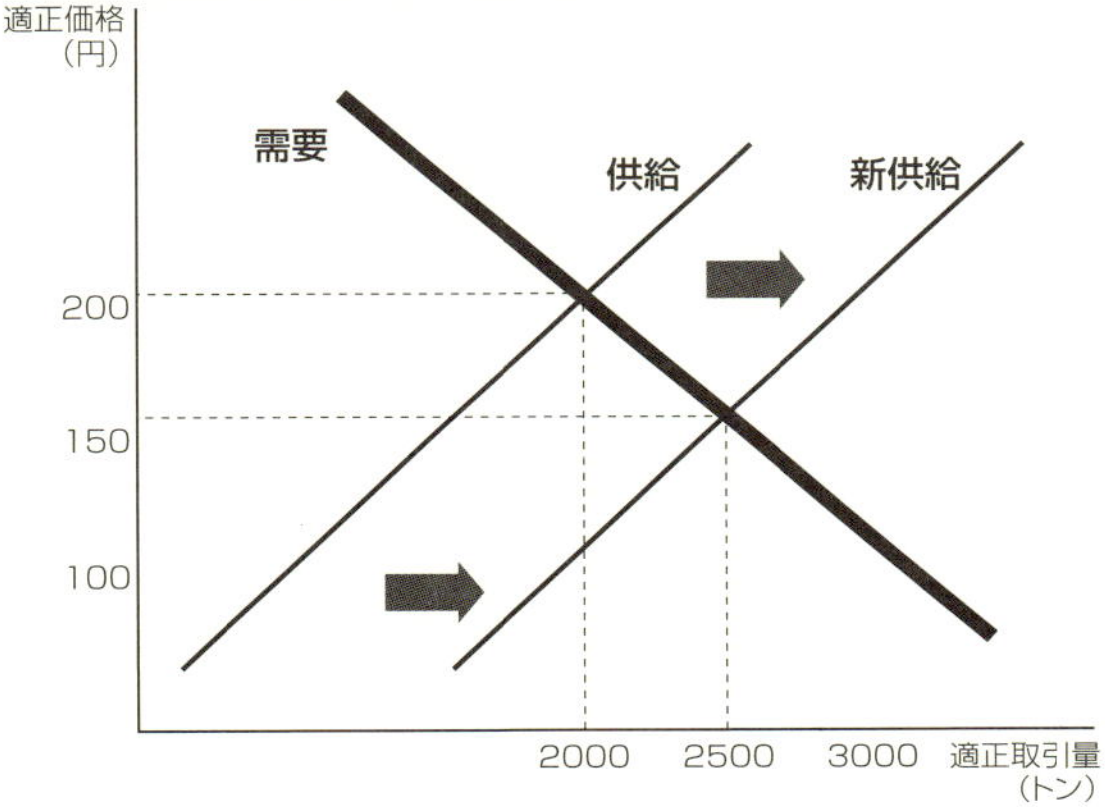

環境が変化した場合の供給曲線のシフトによる供給の変化については区別して考えてください。

供給曲線の移行に関して、技術革新による生産コスト削減と同様の効果をもたらすものに、企業に対する減税や補助金などが挙げられます。

5-8 経済の波

経済には波があります。好調なときもあれば不調なときもあります。一般に経済の波は**景気循環**といわれ、**好況→後退→不況→回復→好況**というサイクルで繰り返されます。

好況時には消費者の購買意欲が増大し、モノやサービスが売れるようになります。結果として企業の業績も右肩上がりに上昇し、労働者の賃金もアップします。ところが、ある程度まで消費が過熱してモノやサービスの値段が上がってくると、消費者は購入を控えるようになってきます。しかし、企業は右肩上がりを予測して生産設備を増強してきているため生産過剰になり、モノが余ることになります。これが景気の後退期です。

モノが余れば企業は生産を抑制し、在庫を調整します。労働者のリストラなども活発に行われるようになります。このように企業は、不況時にはコストを削減してモノやサービスの値段を下げ、需要を喚起するのです。そして、ある程度まで値段が下がってきた段階で消費者の購買意欲は再び旺盛になり、モノやサービスを購入し始めます。このようにし

経済の循環

キチンの波
在庫調整（約40カ月周期）
ジュグラーの波
設備投資（約10年周期）
クズネッツの波
建築物の建て替え（約20年周期）
コンドラチェフの波
技術革新（約50年周期）

て景気は再び好況に向かうのです。

経済学においては、景気循環にはある一定の法則があると考えられています。次の四つが主要サイクルといわれています。

①キチンの波…企業の在庫調整による景気循環。周期は約四〇カ月

②ジュグラーの波…企業の設備投資による景気循環。約一〇年の周期だが、産業ごとにサイクルが違う。最近では、シリコンサイクル（二年）やクリスタルサイクル（三年）など、短い設備投資サイクルも見られる

③クズネッツの波…建築物の建て替えに伴う景気循環で、周期は約二〇年

④コンドラチェフの波…技術革新に起因する最も長期の景気循環で、約五〇年の周期

経済学の主要学説⑨
～ケインズ以降の主流派～

「ケインズより前の経済学書は新聞よりも読みやすいが、それ以降は、シェークスピアより難解」

こういわれるほどケインズが経済学に与えた影響は大きく、その学問レベルを大きく引き上げました。したがって、彼以降の学者たちは多大な労苦を強いられ、それでもケインズの議論の端々にかみつくのがやっとという時代が続いたのです。

ケインズ攻撃に最初に成功した学者はフリードマンでした。彼の論点は、「公共投資の効果は乗数的ほど凄くはない」でした。ポイントは小さかったのですが、彼の主張はやがて「公共事業はさまざまな汚職や腐敗を呼ぶ諸刃の剣だ。政府財政を逼迫《ひっぱく》させ、市場機能を狂わせる劇薬だ」という議論に発展し、経済学の領域に政治学的要素を取り込む傾向を生みました。

しかしフリードマンも結局、「景気のターニングポイントは自由放任のままではダメだ」という議論は一掃できませんでした。しかし、「政府介入や公共投資はもっとダメだ」とも他方で主張してきたため、それ以外の解決方法を考えて、行きついたのが「金融政策」です。

「好景気のときはインフレ、つまり通貨の価値が下がる。反対に不景気の時はデフレ、つま

フリードマンの主張

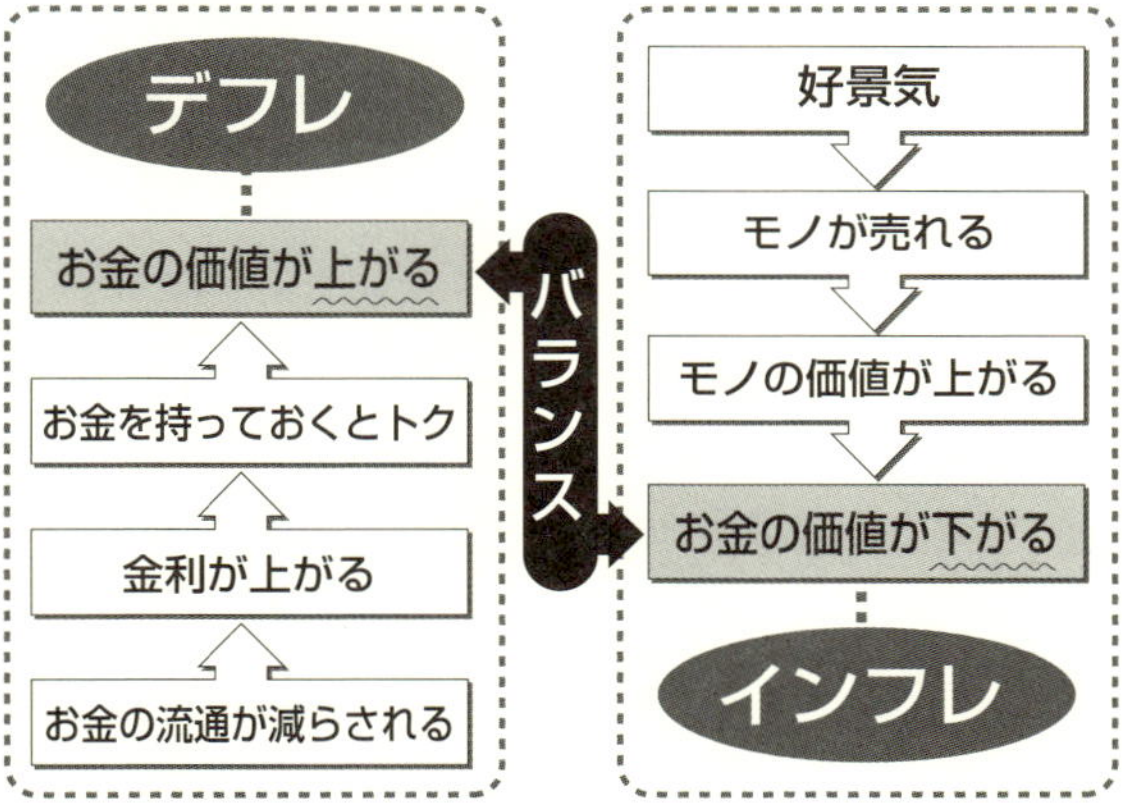

り通貨の価値が上がる。では、通貨の供給量を銀行が調節すれば、景気はコントロールできるのではないだろうか。政府ではなく、中央銀行がその責務を果たせば万事ＯＫではないのか？」――これがフリードマンたち、後のリベラル派と呼ばれる主流経済学派の基本ポリシーです。

ケインズの公共投資の議論は一般に「財政政策」、そしてフリードマンは「金融政策」と呼ばれ、この二つの政策議論は現在でも新聞紙上で熱い闘いを繰り広げています。双方の仲が悪い原因は、学説史の時代までさかのぼることができるのです。以降、現在まで経済学は「自由市場の機能」と平行して、「政府介入の是非」について延々と議論していきます。

第6章

政策の経済学

6-1 政府の経済に対する役割

市場メカニズムが暴走すると、「バブル経済」や「恐慌」を発生させることは前章までに述べました。では、これを防ぐために政府はどのような手段を講じるのでしょうか？

資本主義経済の下では本来、市場メカニズムによって経済の調和が保たれるため、政府の役割は社会主義などに比べると限定的になります。しかし、政府が経済に対して何もしなければ、不況のときはより一層の不況に、また貧富の差はより一層拡大するでしょう。そこで、資本主義経済下でも政府はとても重要な役割を担う必要があると一般的には考えられています。

政府が果たしている経済的役割としては**資源配分の調整**や**所得の再分配**、**経済の安定化**などが挙げられます。資源配分の調整とは司法・行政制度といった規制の枠組みの提供や、高速道路や光ファイバーの敷設といった社会資本の整備、そして国防や外交などが含まれます。また所得の再分配では、お金をより稼いでいる人からより多く税金を徴収し（累進

市場に対する政府の役割

財政政策

政府支出（教育・福祉などの公共サービスの提供や、道路・公園などの社会資本の建設）による総需要の増加や税金コントロール

金融政策

金利の調整などによるマネーサプライのコントロール

的課税）、生活に困っている人に生活保護などの社会保障金を給付しています。そして経済の安定化では、市場メカニズムで起こる好況と不況の波を少しでも少なくするために、**財政政策**や**金融政策**を駆使して経済をコントロールしようと試みています。

財政政策とは、政府が政府支出（公共事業など）や税金のコントロールなどにより経済に安定化を図ろうとする政策です。一方、金融政策は中央銀行が金利の調整などによりマネーサプライをコントロールすることによって、経済安定化を図ろうとする政策です。金融政策の主体は中央銀行ですが、中央銀行は広い意味での政府と考えてよいでしょう。

6-2 金融政策①～金利政策～

前項で「日銀（中央銀行）も広義の政府と解釈してよい」と述べましたが、同行は金融政策を通じて、主に市場に出回る通貨量を調整することにより経済を安定させる、という重要な役割を持っています。この金融政策には①金利政策（貸出し政策）、②公開市場操作、③支払準備率操作があります。

①金利政策

金利政策とは、日銀が市中銀行に資金を貸し出す際に使われる金利である公定歩合を調節することにより、市場の通貨量を調整することです。景気が過熱してくると、企業の売上が伸びて家計の所得も増加するなど、市場に出回る通貨量が急激に増えます。通貨量の急激な増大は貨幣価値を減少させ、物価の高騰を招いてインフレーションを導きます。このような状況を避けるために、日銀は公定歩合を上げ市中銀行の貸出金利を上昇させます。金利上昇により民間の借入意欲を減退させ、市場の通貨量を抑制させるのがその狙いです。

日本銀行の役割①

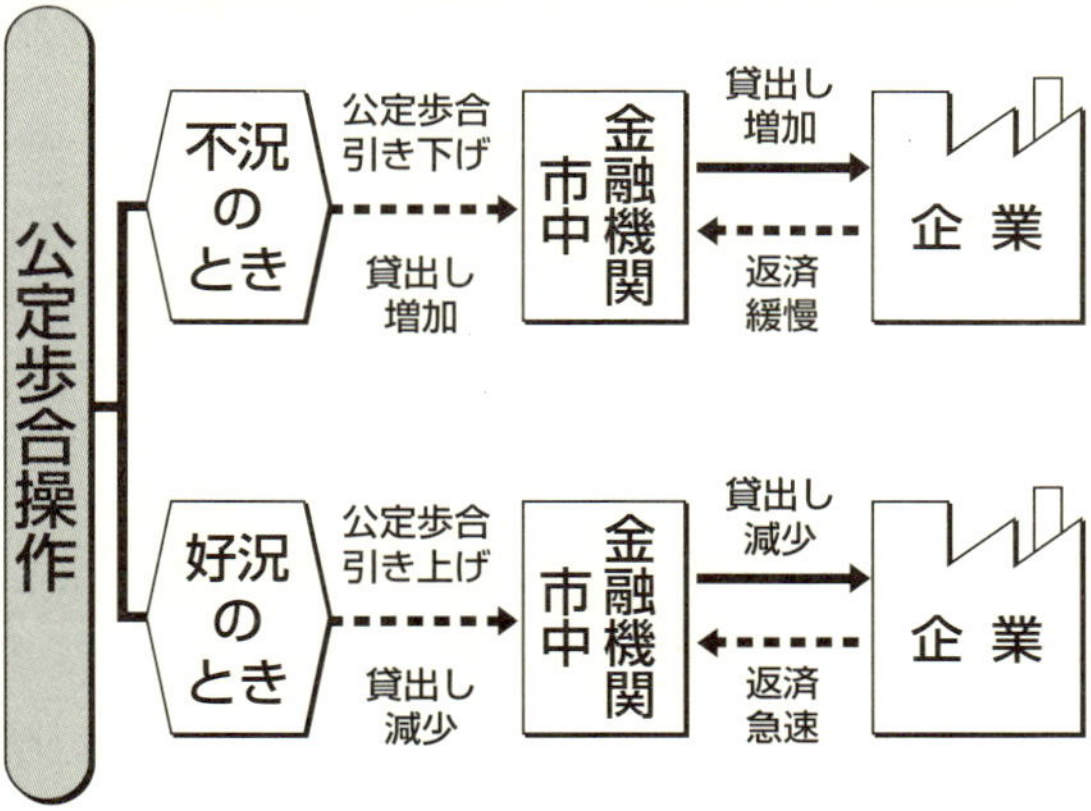

逆に景気の後退局面では、企業や家計の借入れ意欲も低く、市場の通貨量は相対的に少なくなってきます。そこで、日銀は公定歩合を引き下げて市中銀行の貸出金利を下げさせます。借入金利が下がれば、家計や企業は借入れによる設備投資を再開させます。このようにして次第に市場に出回る通貨量は増大し、その結果、景気は回復に向かいます。

公定歩合の変更は、企業などの景気の動向に関する予測も変化させるアナウンスメント効果を引き起こすこともあります。たとえば、公定歩合が引き下げられれば、企業は今後景気が上向きになるとの期待から設備投資を増やして、生産の拡大に備えることが考えられます。

6-3 金融政策②
～公開市場操作と支払準備率操作～

引き続き、日銀の金融政策を見ていきましょう。

②公開市場操作

公開市場操作とは、日銀が公開市場において国債などの債権を売買することによって、市場の通貨量を調整することです。好況時に市場の通貨量が急増した場合は、国債などを売却して市場から通貨を吸い上げます。これを「売りオペレーション（売りオペ）」といいます。逆に、不況時に通貨量が激減した場合は、国債などを市場から購入し市場へ通貨を供給します。これを「買いオペレーション（買いオペ）」といいます。

日銀が買いオペを行う際の売り手が市中銀行であれば、債権額分の現金準備が市中銀行に増加し、この現金準備の増加は民間に対する貸し出しを促進して、マネーサプライの増加につながります。一方、売り手が一般の民間投資家である場合には、直接マネーサプライの増加につながります。

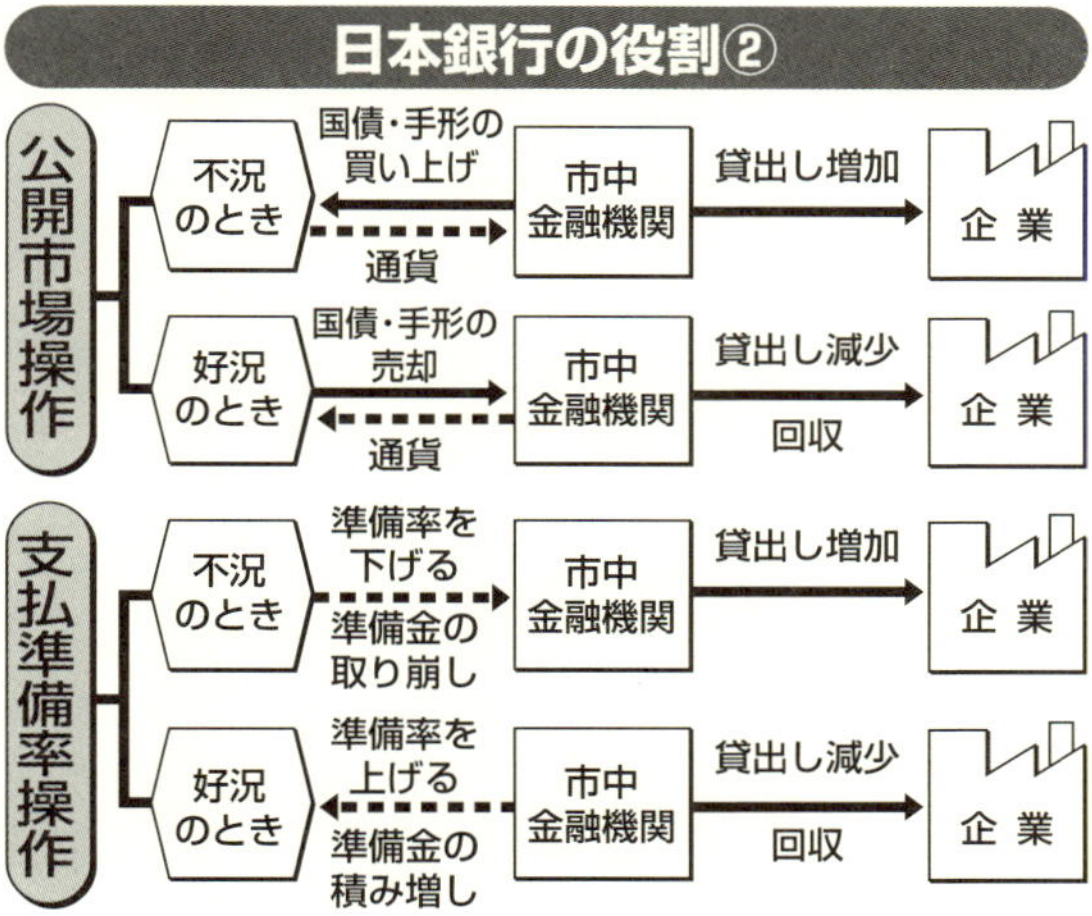

③支払準備率操作

支払準備率操作とは、市中銀行の日銀に対する強制的な預金割合（預金準備率）を調節することによって、通貨量を調整することです。市中銀行は預金者から集めた預金を顧客に貸し出していますが、預金の一部は払い戻しに備え、預金準備率に応じて日銀に預金をすることが法律によって義務づけられているのです。

そして好況時には、日銀はこの預金準備率を上げることによって市中銀行の貸出しに対する資金を減少させます。一方、不況時には準備率を下げて、市中銀行の貸出枠を増大させます。

6-4 マネーサプライ

マネーサプライとは、市場の通貨量を計る指標です。現状の日本では、「M1」「M2＋CD」「M3＋CD」および「広義流動性」という四種類の指標が公表されており、それぞれの定義は図のようになります。

この分類は、預貯金などの流動性（現金化しやすいかどうか）を基に、流動性の高い順に分類されています。すなわち、M2に比べてM1は現金化しやすいものとなっているわけです。この中で通常、私たちが耳にする「マネーサプライ」とはM2＋CDを指します。

ところで、通貨量を計る指標であるマネーサプライに、なぜ預金などの通貨ではないものが含まれるのでしょうか？

預金は、私たちが貯蓄などの目的で銀行などに預けるものです。しかし、受け入れた銀行はその預貯金を原資として貸出を行い、結果として通貨の供給が行われます。つまり、私たちの預貯金も通貨を供給する重要な構成要素となっているのです。

マネーサプライ

マネーサプライ=市場の通貨量を計る指標

❶ M1=現金通貨+民間銀行の当座・普通預金

❷ M2+CD=M1+民間銀行の定期預金+譲渡性預金

❸ M3+CD=M2+郵便貯金+その他金融機関預貯金+金銭信託

❹ 広義流動性=M3+CD+投資信託+金融債+国債+外債

このように、マネーサプライは経済に先行する経済指標として利用されており、政府や日銀は経済政策の策定にあたってマネーサプライの動きを注視しています。たとえば、マネーサプライの増加は、市場で利用できる通貨量の上昇を示しますが、このような状態になったときは通貨の需給バランスにより金利が下がり、企業の生産活動が活発化して物価の上昇圧力がかかります。そして、この物価の上昇圧力があまりに強い場合はインフレーションになるため、政府は増税をして消費の過熱を防いだり、日銀は公定歩合を上げて市場に出回る通貨量を減少させたりして経済の安定に努めるわけです。

6-5 貯蓄の重要性

貯蓄とは、所得から消費分を除いた部分です。経済では、この消費されずに残った貯蓄は、結果的に企業の設備投資などに使われることになります。つまり貯蓄は将来の生産、ひいては経済成長の源泉となるため、貯蓄率が高い国は経済成長率も高くなるということです。

では、貯蓄率が高ければ高いほうがいいのでしょうか？ 実は、一概にそうとはいえません。貯蓄率が高ければ高いほど消費が減少するわけですから、商品やサービスに対する需要が減って不況の原因になりかねないのです。そこで、貯蓄率と同時に現在の消費水準や景気、将来の経済成長のバランスも考慮しなければならないわけです。

ところで、日本は家計貯蓄率一〇％台をキープしています。これは先進国の中でもトップクラスの値です。

日銀の発表する「資金循環勘定」によれば、二〇〇二年九月末現在での日本の家計金融

主要4カ国の家計貯蓄率

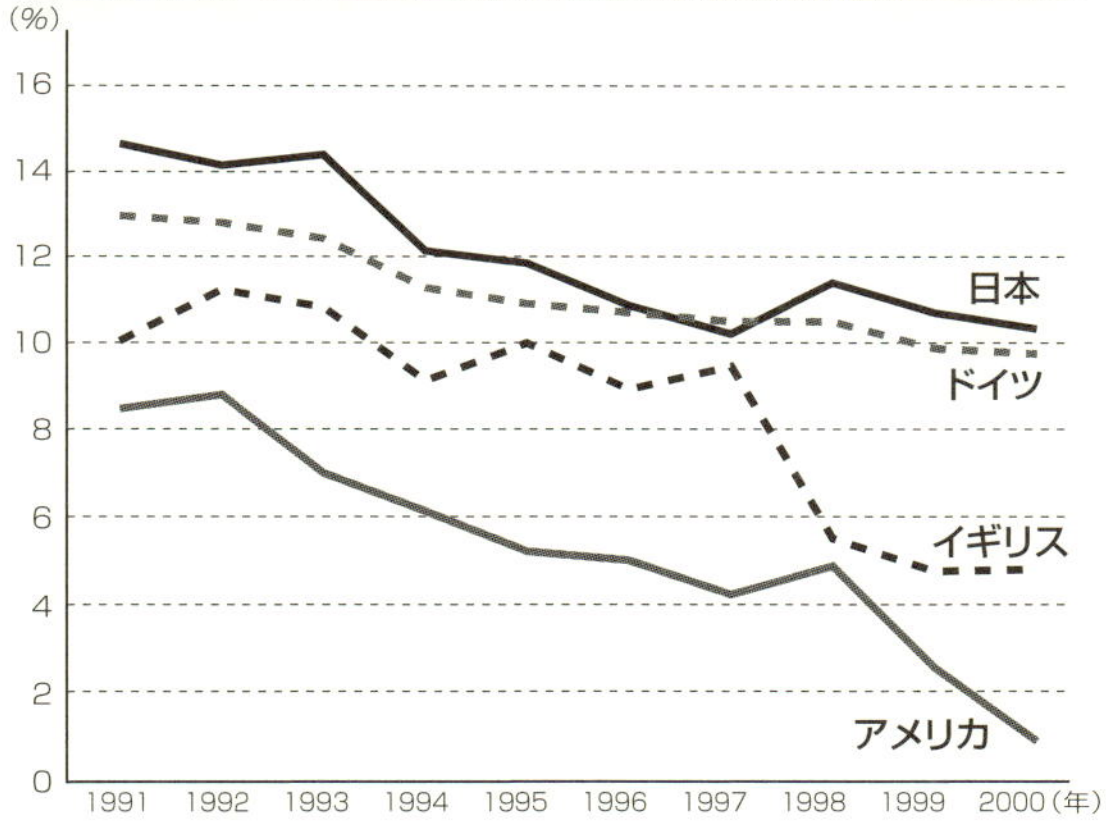

資産は一三九二兆円に上ります。そのうち現金・預金が五五・一%(七六七兆円)、保険・年金準備金が二八・八%(四〇一兆円)を占めています。しかし、このうち株式は六・八%を占めているにすぎず、金額にして九五兆円しかありません。

日本の個人金融資産の特徴としては、現金・預金の比重が非常に高く、株式の比重が非常に低いことが挙げられます。ちなみにアメリカでは、個人金融資産二九・一兆ドル(二〇〇二年九月末現在)のうち、最も比重の高いものは株式で三〇・八%(九兆ドル=一〇七六兆円)の残高があります。一方、現金・預金については一三・四%(四兆ドル=四六八兆円)と、株式の半分以下となっています。

6-6 国債

国債は国の財源を調達するために債券を発行する、いわば「国の借金（債務）」です。**建設国債**と**特例国債**の二種類があり、前者は公共事業に充当し、国の投資的な目的に使用されます。後者は一般会計の赤字補填のため、つまり政府の消費のために発行されるものであり、俗に**赤字国債**と呼ばれています。国債を発行すると政府には国債収入がありますが、国債の償還と利子の支払いという「義務」が発生します。

建設国債は道路や橋といった公共財を建設するために発行するものなので、国債の発行と引き換えに社会資本が残ります。社会資本は一度建設してしまえば長期間使用できるため、建設にあたって発行した国債の償還や利子の支払いを後世代の人々の税金で負担させたところで、世代間の公平性は失われません。社会資本の建設をいまの世代の税金のみで建設するとなると、後世代の人々はいわばそれをタダで使用できることになり、かえって不公平となります。この意味で、公共施設が後に残る建設国債の発行は是認されています。

日本の公債残高の累増

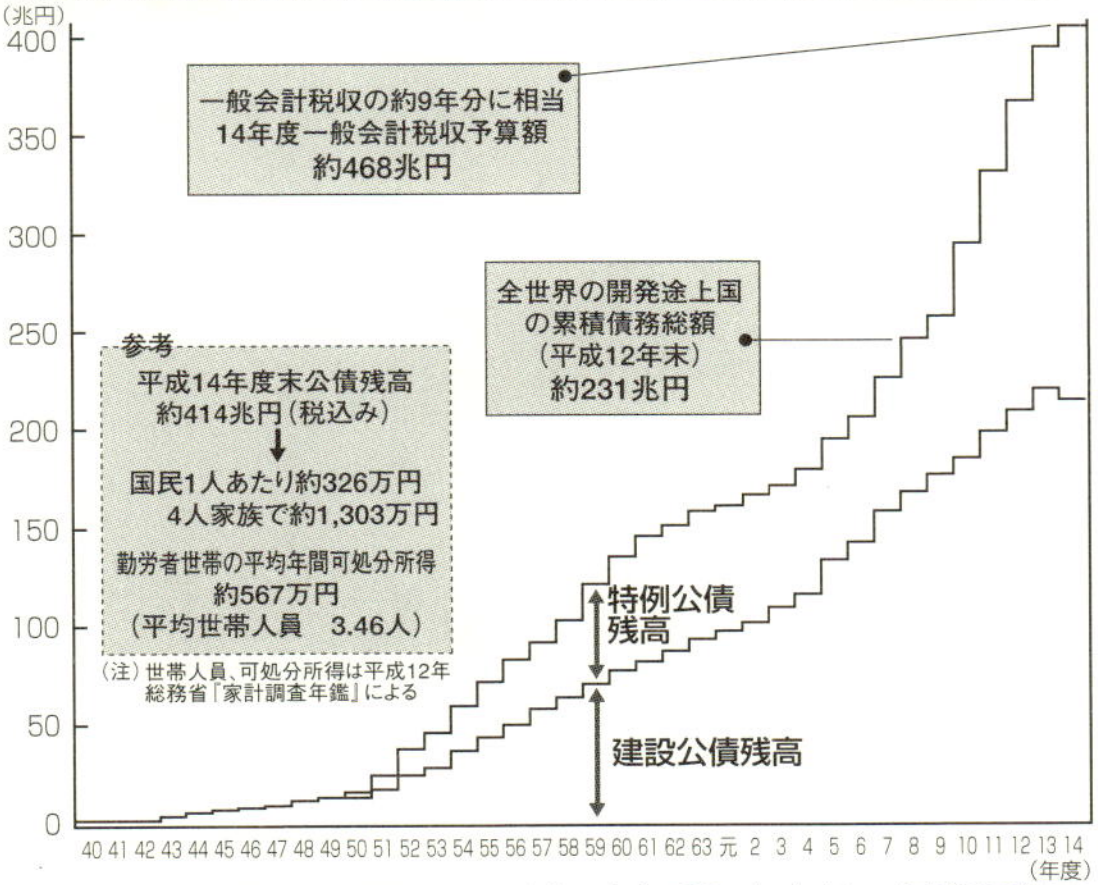

注1）公債残高は各年度の3月末現在額。ただし、13年度、14年度は見込み（13年度は、14年度借換国債の13年度における発行予定額約7兆円を含む）
注2）特例公債残高は、国鉄長期債務、国有林野累積債務等の一般会計承継による借換国債を含む
注3）公債とは国や地方公共団体が発行する借用証書であり、そのうち中央財政の負担で発行されるものを国債、地方財政の負担で発行されるものを地方債という

一方、赤字国債を発行しても後世代には何も残りません。簡単にいえば、いまの世代の飲み食いの代金を後世代の人々に支払わせるようなものであり、世代間の不公平が発生します。赤字国債の発行における問題点はここにあります。

これまでに発行された日本国債の残高は四一四兆円にも上り、これはＧＤＰの八〇％以上、一年間で政府が得る税収のおよそ九倍です。年々の国債の利払いも多くなり、財政の硬直化が心配されています。

6-7 国債の問題点

国債が累積すると、マクロ経済にはどのような問題が生じるのでしょうか?

国債の発行やその原因となる財政赤字は、政府が税収以上に財政支出を行うことを意味します。これは経済全体の総需要を大きくし経済活動を活発にしますが、大きすぎるとインフレを発生させます。戦時中の国債の発行を思い浮かべていただければわかるでしょう。

さらに、国債の発行は市場金利を上昇させます。政府が国債を発行する場合、国債は国債市場で売りに出されます。その場合、供給が増加するため、国債の価格は低下します。国債の価格と金利（利回り）は反比例の関係にあるため、価格の低下はすなわち金利の上昇となります。

国債の発行は市場金利を押し上げますが、金利の上昇が民間設備投資や消費を抑制します。これを**クラウディング・アウト**といい、政府の国債の発行による政府投資が、結果的に民間の設備投資を「押しのける」ことを意味します。設備投資の大きさは長期的な経済

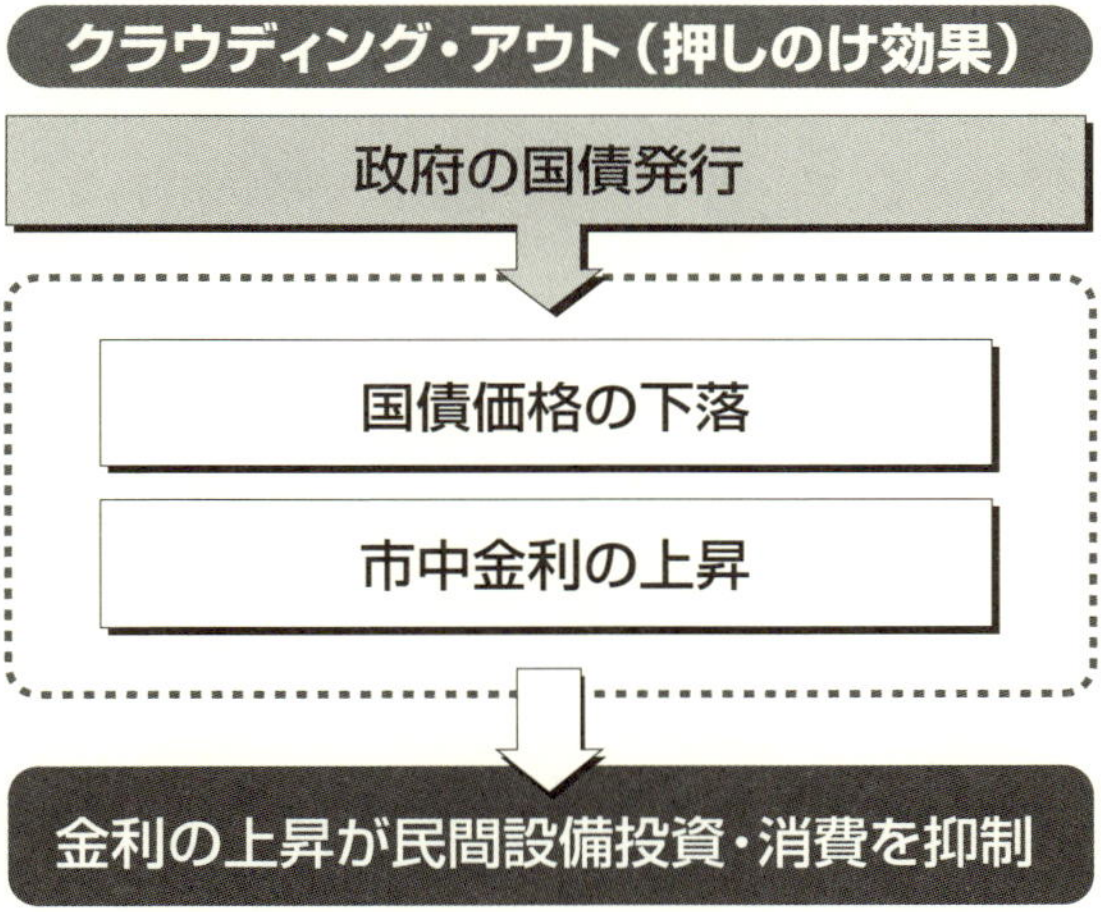

成長率を左右するため、設備投資の減少は経済成長率を低下させ、経済の活力を将来にわたって沈滞させることになります。

国債の増加はそれだけ政府の活動が大きくなることですから、経済に占める政府の規模が大きくなります。政府の規模が大きくなると、それだけ民間で使用できる資源が減少します。たとえば、不況期には公務員志望が増えるといわれていますが、多くの優秀な人材が公務員志望になってしまうと、それだけ民間で就職する優秀な人材が減少します。大きな存在である政府が有能な人材や資金を民間から奪い、民間の自由な経済活動を阻害する要因となるわけです。これも広い意味でのクラウディング・アウトです。

6-8 財政政策

自由主義経済の下では、原則的に政府が市場に介入することはありません。なぜなら、市場の需給バランスによって景気の波の調和が保たれるからです。ところが、ときには景気が過熱しすぎてインフレーションを起こしたり、逆に景気が冷え込み過ぎてデフレーションを起こしたりすることがあります。そのような状態を放任しておくわけにはいきません。このようなときに政府が経済を安定させるために実施する公共事業や増減税などの政策を**財政政策**といいます。

たとえば、好況時には消費が過熱し、モノに対する需要が供給に比べて大幅に増加してきます。この消費の過熱をそのままにしておいたならば、いずれ経済はインフレーションを迎えます。そこで政府は増税を行い、消費者の可処分所得を減少させることによって消費の過熱を防ぎます。

一方、不況時には企業の生産するモノが売れないため多くの労働者が職を失い、消費力

最も有名な財政政策の成功例

1929年のアメリカ大恐慌では4人に1人が失業

アメリカでは ニューディール政策 と呼ばれる一連の公共事業を行う

その一環として

TVA（テネシー川開発公社:テネシー川流域の総合開発事業を目的として設立された）が国費でダムを建設

も減少していきます。そのまま放置すれば、限りなく消費力が減退していくデフレスパイラルに陥ってしまいうのは必至です。そこで政府は、高速道路やダムなどの社会資本を整備する目的の下に公共事業を増大させます。そして、このような公共事業により受注した民間企業は、売上を確保することが可能になるのです。また、民間の消費意欲を刺激するために、減税を行って消費者の可処分所得を増加させたりもします。

　このように、政府は経済の安定化のための非常に重要な舵とりをしています。財政政策によって資源と所得の公平な分配や景気の刺激・調整、完全雇用を達成させようと努力しているのです。

6-9 国債はなぜ減らないか

赤字国債の発行を通じて積極的な不況対策を推奨したのはケインズです。そのため、石油ショックまではケインズ経済学は「マクロ理論の主流派」と呼ばれていました。しかし石油ショック後、すべての国がケインズ経済学に沿って景気対策を実行した結果、財政赤字や国債の累積が大きな問題となりました。このため、ケインズ経済学は赤字財政と累積国債の原因といわれるようになってしまったのです。本当にそうなのでしょうか？

ケインズ自身は、図のような「財政の均衡」を考えていました。政府が景気対策をしないとき（無政策時）の景気循環では、山で表される好況と、谷で表される不況が交互にやってきます。好況ではインフレが、不況では失業や倒産が経済問題となるわけです。このような景気の変動に対してケインズ的な財政政策は、好況時にはインフレを防ぐために財政支出の抑制を、そして不況時には失業対策として公共事業の増加を行います。景気の波とは逆の財政政策によって財政黒字と財政赤字が相殺され、景気変動のない安定した経済と

財政の均衡

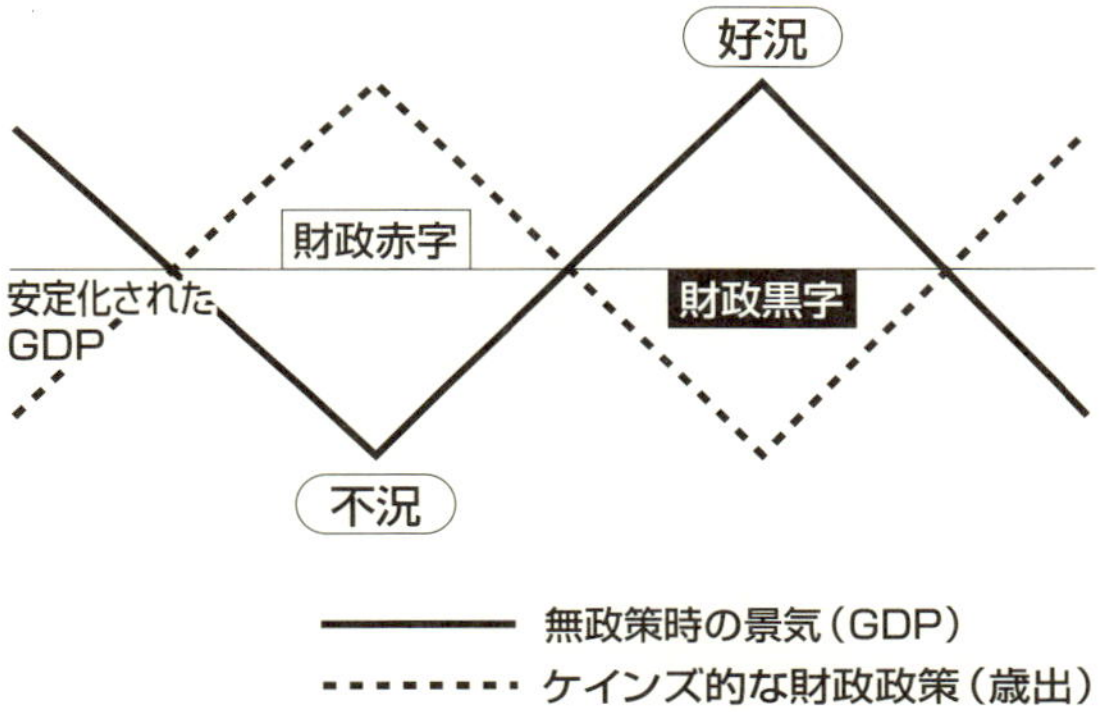

なるわけです。

では、なぜこのように上手く財政が運営されず、財政赤字や国債が累積したのでしょうか？

実は、その原因は現代の政治制度にありました。地元に利益を誘導するタイプの政治家が当選するのは、洋の東西を問いません。国会議員は選挙のたびに地元に公共施設を建設することを公約にするため、歳出はふくらむ一方。そして一度、歳出が増加してしまうと、それを削減するのは至難の技なのです。

このように、ケインズ経済学と選挙政治が結びついたところに財政赤字の原因があります。そのためケインズ経済学は「赤字財政の政治経済学」と名づけられています。

6-10 財政の健全化

国債は財政赤字が発生した場合に発行されるため、国債の発行と財政赤字は同じ意味を持ちます。そして、日本の財政赤字や国債問題をマクロ経済から考える場合には、「長期的視点」と「短期的視点」に分けて考えることが必要になります。なぜなら、長期的に考えると財政赤字や国債の累積額は小さいほうが望ましいはずですが、短期的視点で考えると、経済変動を安定化するためにも赤字国債の発行は必要となるからです。では、この矛盾する両者をどのように調整すればよいのでしょうか?

調整する方法は三つあります。一つ目は、政府が財政赤字の対GDP比率を一定に維持するよう制約を課すもので、「財政のサスティナビリティー（持続可能性）」と呼ばれる方法です。この歯止めがあると、国債の発行率は経済の平均成長率以下になります。

二つ目は、予算制度を企業会計のように改めることです。現在の予算は私たちの家計簿のような単式簿記です。財政赤字といっても、投機的な建設国債もあれば消費的経費に充

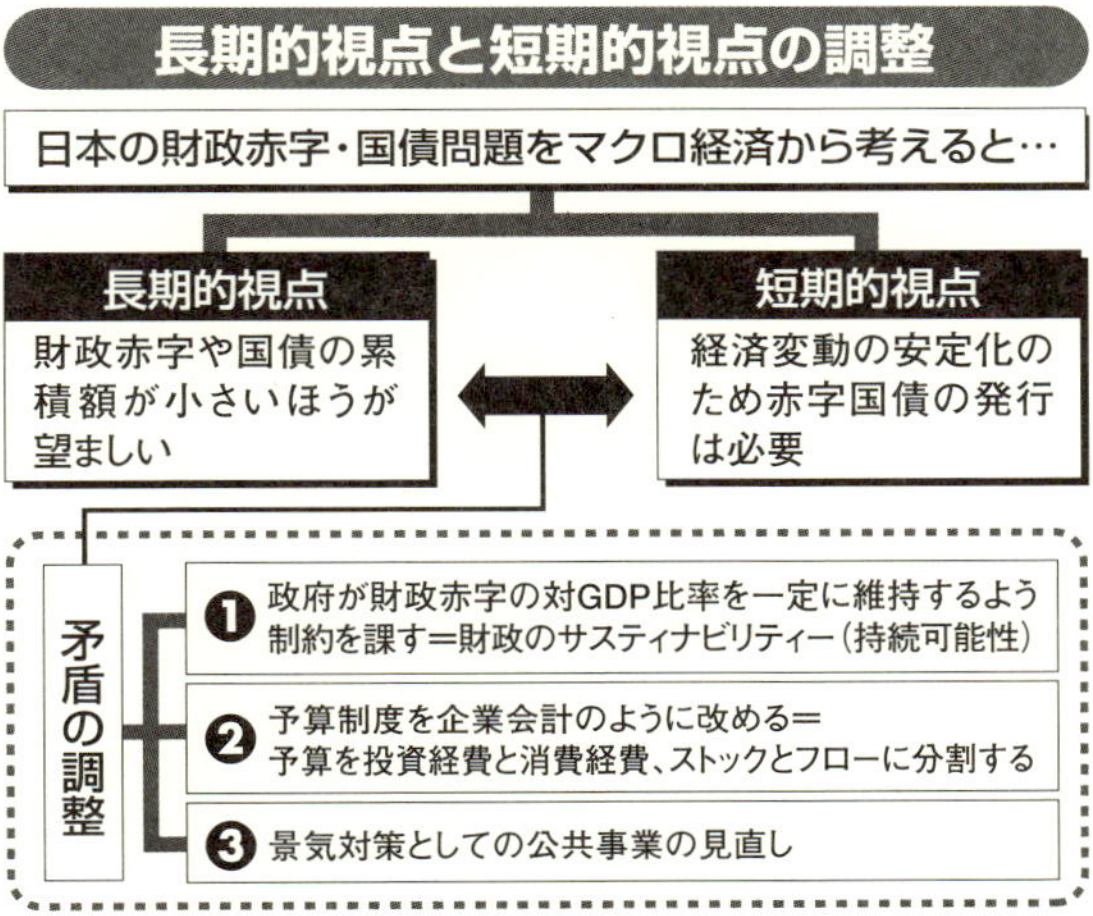
長期的視点と短期的視点の調整
日本の財政赤字・国債問題をマクロ経済から考えると…
長期的視点
財政赤字や国債の累積額が小さいほうが望ましい
短期的視点
経済変動の安定化のため赤字国債の発行は必要
矛盾の調整
❶ 政府が財政赤字の対GDP比率を一定に維持するよう制約を課す＝財政のサスティナビリティー（持続可能性）
❷ 予算制度を企業会計のように改める＝予算を投資経費と消費経費、ストックとフローに分割する
❸ 景気対策としての公共事業の見直し

当する赤字国債もあるため、予算は投資経費と消費経費、あるいは（同じ意味ですが）ストックとフローに分割すべきなのです。

現在の財政支出の決定方式は高度成長時代の遺物といえるものです。これは「増分主義」といい、自然増収分を新規事業に重点的に充当するものですが、いったん認められた予算は減額されません。

そして三つ目は、景気対策としての公共事業の見直しです。具体的には、高齢化社会に備えるための新社会資本の建設や情報化社会に向けた基盤整備、ベンチャービジネス支援といった用途に配分されるよう見直す必要があるのです。つまり、いま求められているのは財政制度のリストラなのです。

COLUMN

ノーベル賞の経済学①
～戦略行動の経済学～

「森を研究するのが経済学である」。だから細かいことには構っていられない、という説もあります。

確かにそのとおりです。しかし、それでも見落としてはならないことがあるのではないでしょうか？　たとえば羽虫のようなささいな存在であっても、森全体に影響している場合があります。これを無視してしまうと、森全体の行く末を見誤ります。

第3章の「市場の経済学」で、需要曲線と供給曲線が交わって価格を決定すると述べましたが、実際の社会ではこううまくはいきません。なぜなら、騙し合いや出し抜き合いの戦略行動もまたビジネスであり、ひいては経済の重要な本質だからです。ゆえに、「経済学は、このようなかけひきを含めた経済活動も素直に受け入れて研究していくべきだ」と考える人々のノーベル賞受賞が続いています。

「騙し合い」についての主要な論点は二つあります。一つは「情報の非対称性」といわれる問題であり、これは「売り手と買い手は騙し合う」ということです。売り手があたかも「あなたに買ってもらわなくても結構」といわんばかりの、ほかにもお客がいるような態度をとるとしましょう。その結果として、供給曲線は硬直します。買い手も同じような態度をとりますが、その一方で、買い手は通常「商品情報の詳細を知らない」ため、単に値が下がりさえすれば買うということにもなりかねません。いわゆる「安かろう、悪かろう」です。これでは、需要と供給の双曲線は互いに均衡しません。

もう一つは「ゲーム理論」です。「囚人のジレンマ」を例に挙げましょう。共犯で捕まった二人の囚人が、「自供しろ、そうすればおまえだけは助けてやる」と誘われます。二人にとって最もいいのは、仲よく黙秘を続けて無罪放免を待つことでしょう。しかし、どちらか一方が裏切ったらおしまいです。この場合、二人ともが自分の利益だけを合理的に考えるならば、それぞれが自供するはずです。しかし、二人ともが自供してしまったら二人とも罪に問われることとなり、破滅してしまうのです。

囚人のジレンマのような出し抜き合いは、価格カルテルの参加企業間や、株式市場でしのぎを削る機関投資家の間でよく見られます。経済学的に見れば自由市場は「参加者を皆幸せにする」はずなのですが、このような戦略行動の結果「皆が破滅する」こともあるのです。そしてブラックマンデーなどの大恐慌には、このような戦略行動が少なからず影響してきたのです。

第7章
グローバル経済学

7-1 国際収支とは

諸外国との経済取引を定量的に把握するためには国際収支表が有効です。国際収支表とは、一定期間に一国の居住者が非居住者に対して行う経済取引を包括的・総合的に表したものです。国際収支は経常収支と資本収支の二種類に分けられますが、政府や中央銀行が保有する「外貨準備」はこの二つの収支とは別に記録されています。

経常収支は財・サービスの輸出入の収支であり、そのうち財の輸出入の収支を「貿易収支」といいます。これまで日本は貿易収支が大幅な黒字を続けてきたため、一九七〇～八〇年代には欧米諸国と貿易摩擦を激化させてきました。逆に、情報・通信や輸送・旅行などの「サービス収支」は赤字となっています。この経常収支はその国民所得に大きな影響を及ぼすため、国際競争力を判断する指標となります。モノやサービスの輸出が増えればそれだけ外国からの収入が増え、その国の国民所得も高水準になり、反対に輸入が増えれば外国への支出が増え、対外競争力が弱くなるというわけです。

日本の国際収支

	経常収支	貿易・サービス収支	直接投資
1999年度	132,408	78,494	▲5,457
2000年度	124,000	63,573	▲42,458
2001年度	119,124	38,567	▲31,309
2002年1月	6,843	▲824	▲5,620
2月	14,270	5,982	▲3,253
3月	21,802	11,010	451
4月	10,909	4,643	▲1,207
5月	10,481	3,244	▲3,209
6月	14,389	9,856	▲2,801
7月	11,479	4,388	▲1,501
8月	10,798	3,950	▲2,007
9月	11,547	6,693	▲713
10月	※9,360	※4,827	※▲1,318
11月	※11,678	※7,171	※▲1,149

出所）財務省　　注）IMF方式、単位：億円、▲は赤字、※は速報値

一方、資本収支は株式や債権などの金融資産の収支であり、「投資収支」と「その他の資本収支」に分けられます。このうち投資収支には、直接投資（所有権の移転を伴う外国企業株式の売買）、証券投資（キャピタルゲインを目的とする外国企業株式の売買や外国債の売買）、その他の投資があります。また、その他の資本収支には資本移転や著作権や特許権の取得・処分などが含まれます。資本収支はその国のモノやサービスの支出の変化を表すわけではありませんが、投資による国際的な資産や負債の変化を表します。そのため、間接的には国民所得の大きさを左右するといえるでしょう。

7-2 貿易が起こるしくみ

なぜ、海外との貿易が行われるのでしょうか？ その疑問に最初に答えを出したのは「比較生産費（比較優位）の理論」を唱えたD・リカードです。

世界にA国とB国の二つの国しかなく、財もテレビと車しかないと仮定しましょう。当初両国は貿易関係を持たず、二財を自給自足していたとすると、各国内でのテレビと車の相対価格は二財の生産コストの比率（比較生産費）から決まります。仮に、A国ではテレビを一単位つくるのに一〇人、車を一単位つくるのに一二人、B国ではテレビを一単位つくるのに八人、車に六人かかっていたとすると、テレビ一単位はA国では車六分の五単位、B国では三分の四単位と引き換えられます。A国とB国を比較すると、テレビの相対価格はA国では安く、B国では高くなっています。このような場合、B国は車の生産に比較優位（Comparative Advantage）を持っているといいます。この例では、B国はテレビと自動車どちらの財の生産もA国よりも少ないコスト（労働投入量）でできており、B国は両財

比較優位と自由貿易

国名	単位生産所要人数		人口
	テレビ	車	
A	10人	12人	22人
B	8人	6人	14人

貿易なし

国名	テレビ	車	合計
A	1単位	1単位	2単位
B	1単位	1単位	2単位

貿易あり

国名	テレビ	車	合計
A	2.2単位	0	2.2単位
B	0	2.3単位	2.3単位

の生産において絶対優位にあるといえます。

A国には労働人口が二二人、B国には一四人しかいないとき、AB両国がともに二財を生産すると、上図のように二単位ずつしか生産できません。もし、両国とも比較優位を持つ製品のみ(A国はテレビ、B国は車)を生産した場合、A国はテレビを二・二単位、B国は車を二・三単位生産できます。この場合の両国の総生産量は、貿易がない場合に比べて総労働量に変化がないにもかかわらず「増加」しているのです。つまり、生産費に違いがある場合は、それぞれが比較優位を持つ商品の生産に特化し、自由貿易を行うことによって双方の利益になるのです。これが、比較優位の理論が「自由貿易」の根拠となる所以です。

7-3 比較優位はどこからくるか

前項では比較生産費に差があることによって貿易が発生することを説明しましたが、こうした比較生産費差はなぜ生じるのでしょうか? リカードはその原因を各国の自然条件の差（土地・気候など）に拠るとしていましたが、自然条件でその生産費差を説明できない財は少なくありません（前項の例で挙げた車やテレビはおそらく不可能）。

ヘクシャー＝オリーン理論では、その比較生産費に差が出る理由を、労働や資本などの「財の生産に共通に使用される〝生産要素〟が国ごとに偏在すること」（賦存量の国際的差異）により説明しました。たとえば、ある国は相対的に労働が豊富ですが、他の国は資本が豊富です。また財の生産に必要な生産要素の組み合わせは技術的条件から財ごとに異なり、ある財の生産には相対的に労働力を多く必要としますが、別の財の生産は資本を多く必要とします。そのとき、労働力が豊富な国は労働を多く使って生産される財（労働集約財）を相対的に安く生産でき、労働集約財に比較優位を持ちます。一方、資本が豊富な国

ヘクシャー＝オリーンモデルの前提

貿易取引に輸入関税・輸送コストがかからない
取り引きされる財の消費選好が世界中で同じ
製品の差別化が行われない

は、資本を多く使う財（資本集約財）の生産を相対的に安く行うことができ、資本集約財に比較優位を持つわけです。結果として、それぞれの国は自国に「多く偏在する生産要素」を多く使用して生産する財を輸出し、その逆の財を輸入することになるのです。

ヘクシャー＝オリーン理論で説明しきれない貿易パターンは、「産業内貿易論」や「プロダクトライフサイクル論」などで説明されることが多いようです。とくにプロダクトライフサイクル論は、財の生産技術が発展するにつれ労働力の安い国が比較優位を持つ可能性が高くなる点に着目し、国家間の比較優位の変化を説明するものとして重要視されています。

7-4 経常収支の経済学①　～外国為替とは～

通常、外国への代金の受け取りや支払いが発生する際、日本の通貨は基本的に外国では通用しませんし、外国の通貨も日本国内では使用できません。そのため、必然的に外貨と円を相互に交換する必要が生じます。この交換比率のことを**外国為替レート**といいます。

国際貿易ではドルが圧倒的に使用されているため、ここではドルと円の交換比率を考えることにしましょう。ドルを基準にしてそれに等しい円を表す方法を**円建て（自国通貨建て）**といい、通常「一ドル＝一〇〇円」のように表されます。

現在は為替レートが刻々と変化していますが、このように為替レートの変動が許されることを**変動相場制度**あるいは**フロート制**といいます。一方、為替レートが一ドル＝三六〇円などと固定されているのは**固定相場制**といいます。戦後長きに渡って固定相場制がとられていましたが、一九七三年に現在の変動相場制度に移行しました。

固定相場制は為替変動リスクがないのが長所ですが、その一方で、対外均衡（国際収支

外国為替とは

外国為替＝異種通貨の交換（売買）

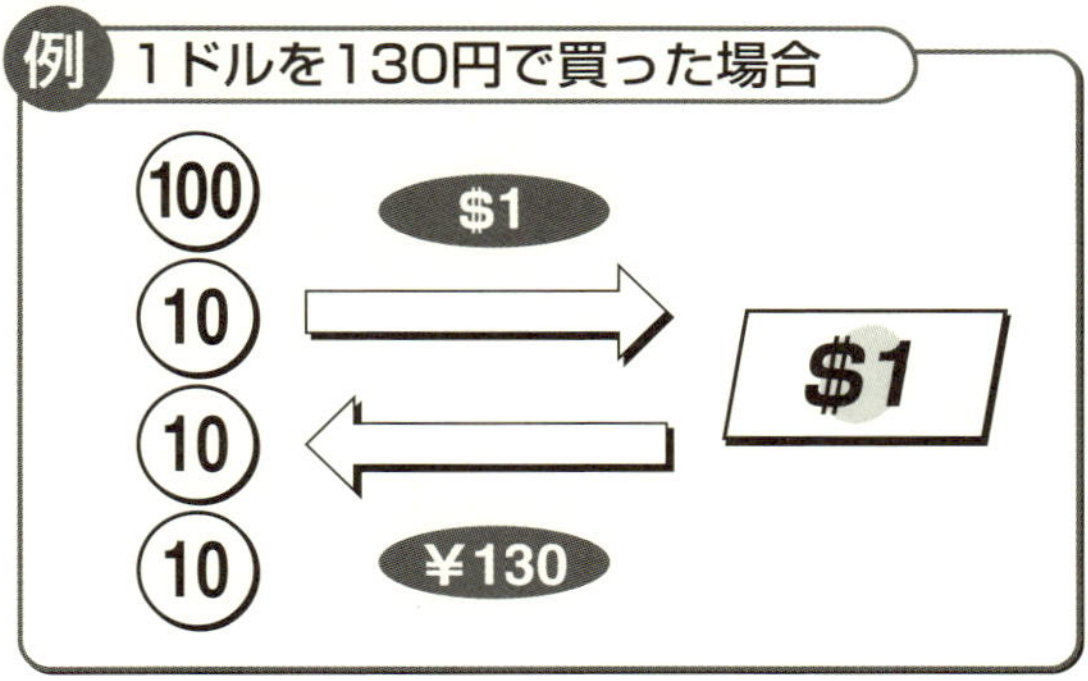

の均衡）と国内均衡（失業やインフレ）の両立が困難になるという欠点もあります。

しかし、変動相場制の場合、レートは為替の需給が均衡するところで決まります。そのため、国際収支が赤字ならば、それが均衡するまで為替レートは減価します。したがって、財政・金融政策を失業率の低下・解消という国内均衡のためだけに用いることができます。これを「変動相場制の隔離効果」といいます。

変動相場制度が採用されたのは、以上の理由からです。しかし、現実の経済ではアメリカや日本のように経常収支の赤字や黒字が一方的に累積する国があるため、為替レートが自動的に国際収支を均衡させるということにはなっていません。

7-5 経常収支の経済学②　～為替レートの決定～

為替レートはさまざまな要因が複雑に絡み合って決まりますが、基本的には、通貨に対する需要と供給によって決まります。円の対ドルレートを例に、東京市場でのドルの需要と供給を考えてみましょう。

まずは、輸入業者の輸入代金支払いのためにドルの需要があります。そこで、たとえば一〇〇円から一一〇円へと円安が進行すると、日本への輸入品の円価値は上昇し、輸入は抑制されます。逆に円高の場合は、輸入品の価格が安くなるため輸入は増加します。したがって、ドルの需要曲線は図のように右下がりとなります。

ドルの供給とは、日本の輸出業者が輸出で得たドルを円に替えるときに増加します。そのため、より多くの日本製品を輸入しようとし、その結果、日本の輸出は増加します。逆に、円高の場合は日本の輸出は減少します。したがってドルの供給曲線は右上がりとなります。

為替レートの決定

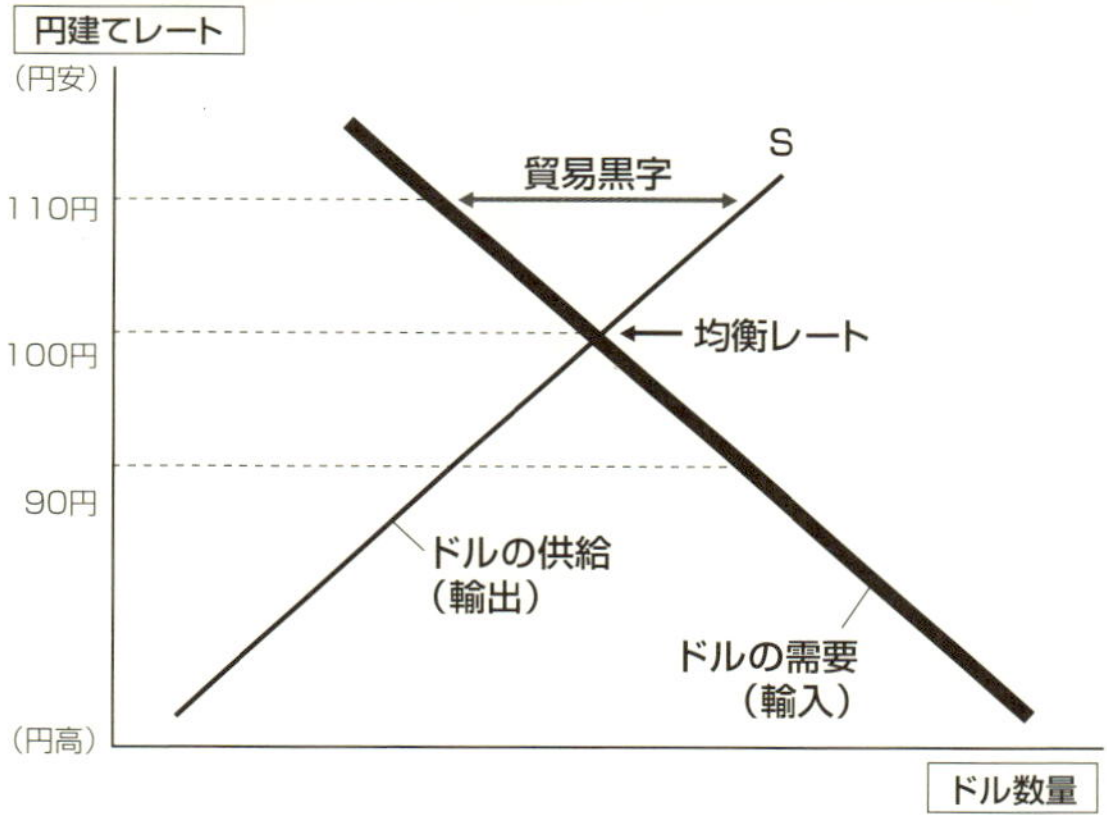

均衡の為替レートは、需要と供給が一致するところで決定されます(図参照)。では、均衡レートが一ドル＝一〇〇円であるとして考えてみましょう。仮に市場で一ドル＝一一〇円という値がついたとすると、この値では均衡値より円安になるため、日本の輸出が輸入を超過します。これは市場ではドルの供給が需要より大きくなることを意味するため、ドル安＝円高を引き起こし、元の均衡値一〇〇円に戻ります。

このように変動為替相場では、ドルの超過供給(需要)は日本の経常収支の黒字(赤字)と同一です。そのため、為替レートは経常収支を均衡させるべく市場で自動的に調整されることになります。

7-6 経常収支の経済学③ ～為替レートと国の信用度～

為替と経常収支の関係は複雑です。とりあえず「輸出が円高を生み、輸入が円安を生む」ため、貿易黒字（赤字）が円高（円安）をもたらすと考えられますが、貿易が為替に与える影響は必ずしも一通りではありません。

たとえば、購買力平価という考え方があります。日本では自動車一台が一〇〇万円なのに、アメリカで二〇〇万円もするのはおかしいのですが、仮にそうなった場合は賢明な貿易商が日本車を輸出させるため、結局値段は同じになるというものです。また、景気がよい（悪い）ときはインフレ（デフレ）になることも前述しました。「景気がよい（悪い）」とは大抵貿易黒字（赤字）を意味するため、物価が上がる（下がる）のです。ただ、モノの値段は万国共通でなければならないので、この物価の変動は自国通貨の国際的強さに反映されることになります。したがって「貿易黒字(赤字)→好景気(不況)→インフレ(デフレ)→円安(円高)」となります。これは経常収支の均衡メカニズムと逆の流れになります。

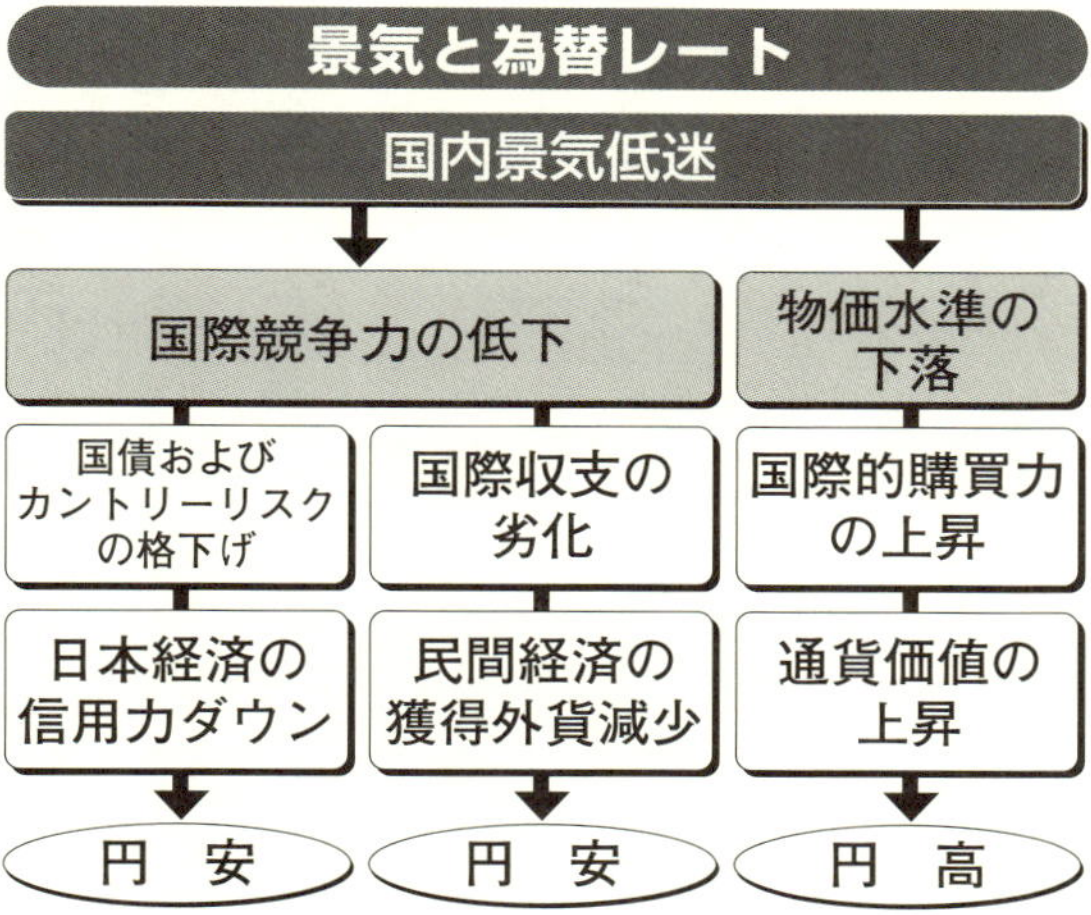

もう一つの考え方は**国の信用度**です。「経済大国の通貨は信用される」ため貿易黒字が多い国の通貨は上がりやすくなり、逆に国債の格付けが下げられると国家経済の信用そのものがダウンして、通貨は手放されます。とくにインフレの強い国の通貨は、放っておいても値下がりするため敬遠されます。たとえば、タイやミャンマーなどの公定歩合は二桁近いため、同国の通貨は非常に魅力的に見えます。しかし一〇%近いインフレ率が含まれているため、実質的には一%以下の金利である場合が大半なのです。このような過度のインフレの原因は過度の輸入超過ですが、単に貿易の問題にとどまらず、次項に述べるように投機のメカニズムにも影響を与えています。

7-7 国際投機の経済学

経常収支の黒字があるということは、その国の民間企業が余剰資金を持っているということを意味します。民間企業がこのような余剰資金を遊ばせておくわけはなく、（バブル華やかなりし頃に日本企業が米エンパイア・ステートビルを購入したように）外国の債権や資産を購入します。

外国の資産、とくに株式や債券に対する投資を行う場合は、日本の資産に投資したときに得られる収益率との比較が重要になります。収益率の比較には、利子率に加えて為替変動による差益やリスクなどが勘案されます。なかでも重要な要因は「利子率」と「株価」です。たとえばアメリカの利子率が日本よりも高い場合、アメリカの資産の収益率が高くなり、投資家はアメリカの資産に投資しようとします。その結果、資金が日本から流出し、円安が進行することとなります。そうなると日本の株式や債券など、資産価額が売り手市場となって下落の一途をたどり、さらに円安が進みます。

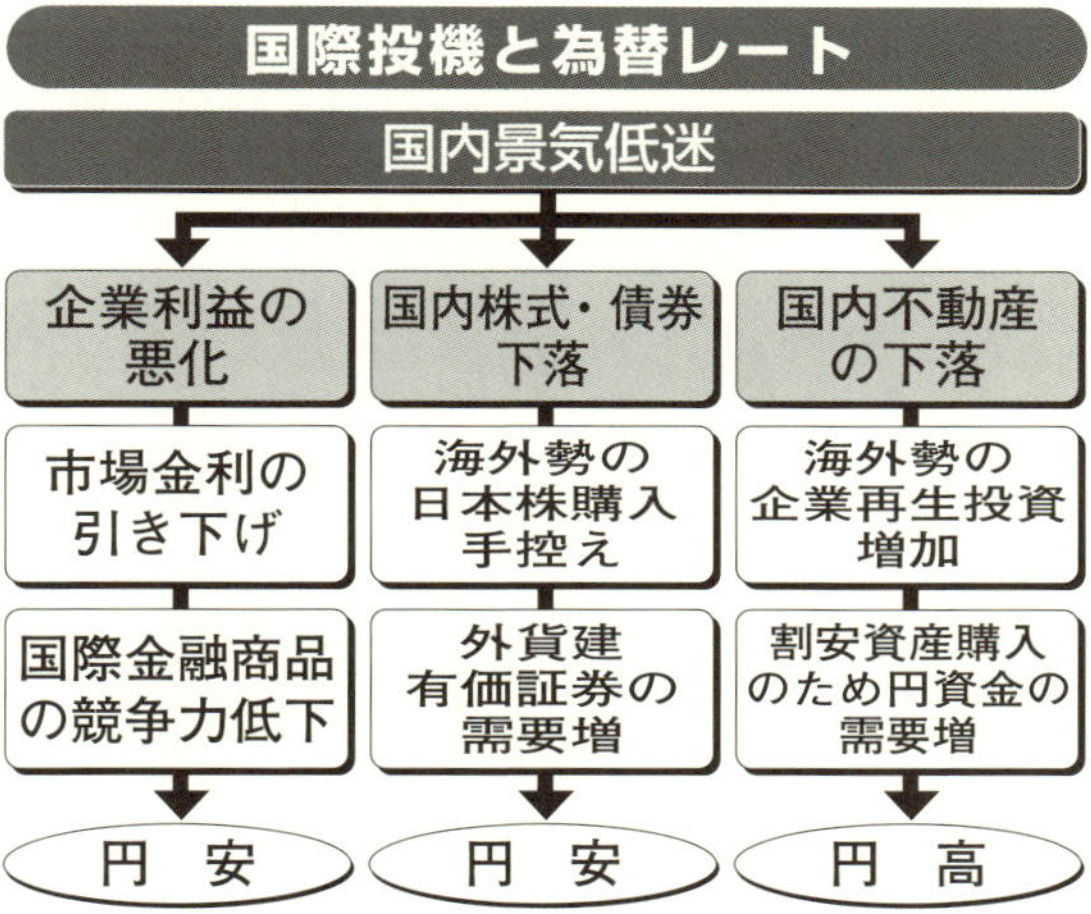

ただし、このようなケースでも、一方的に円安が進むわけではありません。高い収益率を約束する投資機会が無限にアメリカ国内にあるわけではないのです。また、アメリカ資産が高騰すれば投資家はバブルを警戒し、海外に分散投資します。このとき投資家は海外の割安資産、とくに不動産などの実態価値の不変な資産を探索します。現在、企業再生ファンド（リップルウッド、ローンスター、カーライル、エリスなど）がアメリカから続々と日本に上陸しています。これらの米ファンドは「保有資産から見て、割安な時価総額を持つ日本企業」を買収していくわけですが、その際には円建ての資金が需要されるため、円は買われて高くなります。

7-8 介入の経済学

外国為替市場で投機や資本移動が生じると、失業やインフレなどが起こることがあります。このときには財政・金融政策はどのような役割を持つのでしょうか？

まず、財政政策から検討しましょう。公共事業による内需拡大は国家予算を必要とします。よって新たな借入れが必要となり、国債が増発されます。国債増発は国債の価額を下げるため、より高い金利での受け入れを投資家は求めます。ゆえに国内金利が上昇し、外国から資本が流入します。そうなると円の需要が増大して為替レートは円高になり、それによって輸出が減少して国民所得を減少させます。

つまり、公共事業により内需が拡大しても、そのまま輸出の減少となるため国民所得は増加しないということです。財政政策は極端な場合、何の効果も持たなくなる可能性があるわけです。

一方、公定歩合の引き下げあるいはマネーサプライの増加は国内金利を低下させ、それ

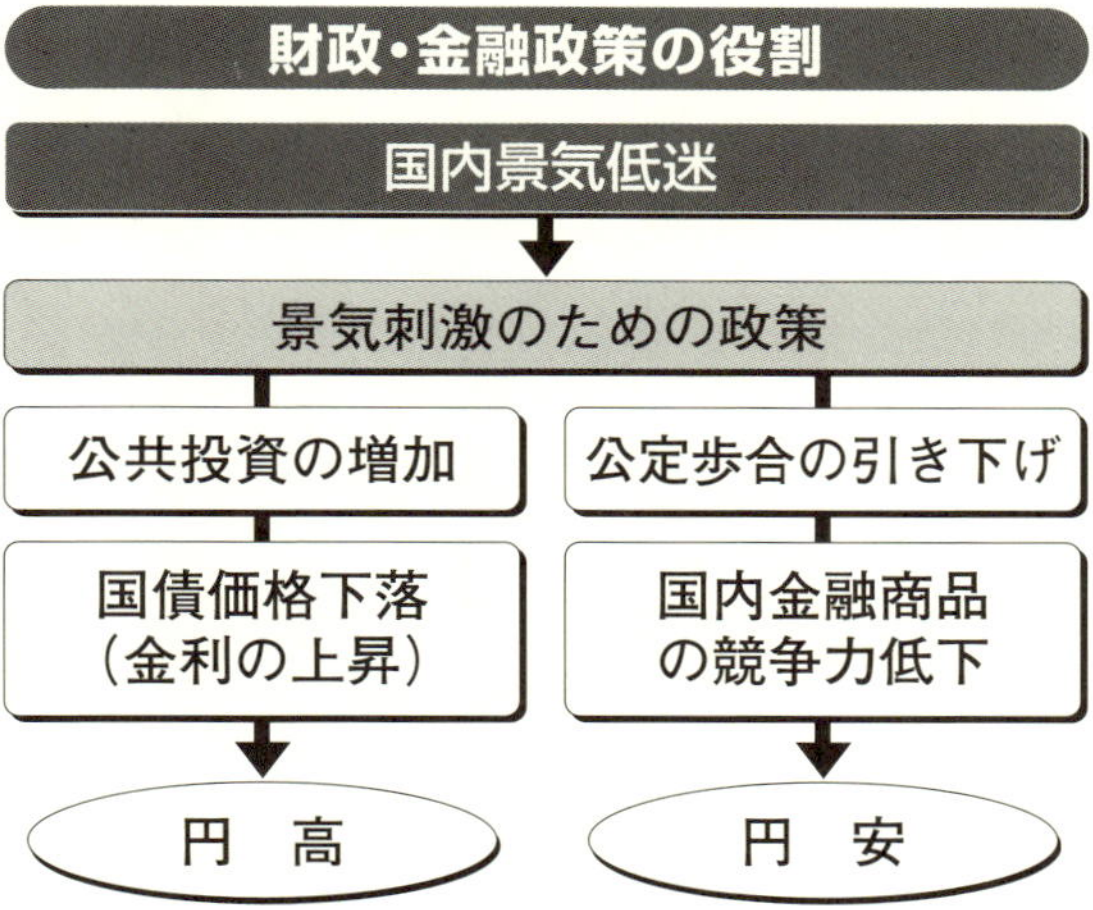

により資金需要が増加し、内需を拡大させます。これに加えて金利の低下は、より高い海外金利を求めて資金を流出させるため、円安が発生して外需の拡大を呼び、結果として国民所得を大きく増大させます。このように資本の国際移動を考慮すると、金融政策は一層効果を持つことになります。

財政政策は国内の国民所得や雇用に影響を与えますが、国際収支の均衡にはあまり役に立たない場合が多いのが現状のようです。したがって、各国とも国際収支の均衡や為替相場の安定のために、為替市場への協調介入や金利の調整を、G8サミットなどで常に協議しています。今後も、このような国際協調がますます重要となるでしょう。

7-9 為替の経済学

これまで述べてきた限りでは、国内景気は自国通貨を強くも弱くもするように聞こえます。実際、この答えは極めて難解であり、プロの経済学者にもわかりません。現実の経済ではいくつかの経済モデルが同時に作用し、さらに非経済学的要素も巻き込まれます。つまり、景気の低迷によって作用する経済モデルが、それぞれ同時に為替を下げよう上げようと、「モデル同士の綱引き」をするのです。

では、まったく予想が立たないかというとそうでもありません。モデルには独自の前提条件があるため、「とくに強く作用するモデル」と、逆に「弱まっているモデル」が時勢によって目まぐるしく入れ替わります。そのため、経済学の知識を持って経済を読む際には、「いま現在強くなっているモデル」を二～三意識すれば見通しは立ちます。

たとえば、「経常収支と為替メカニズム」モデルは、経常収支に関する指標が発表される前後に強く作用します。同様に、実需の為替取引は決算期の前一カ月(「資産回帰現象」と

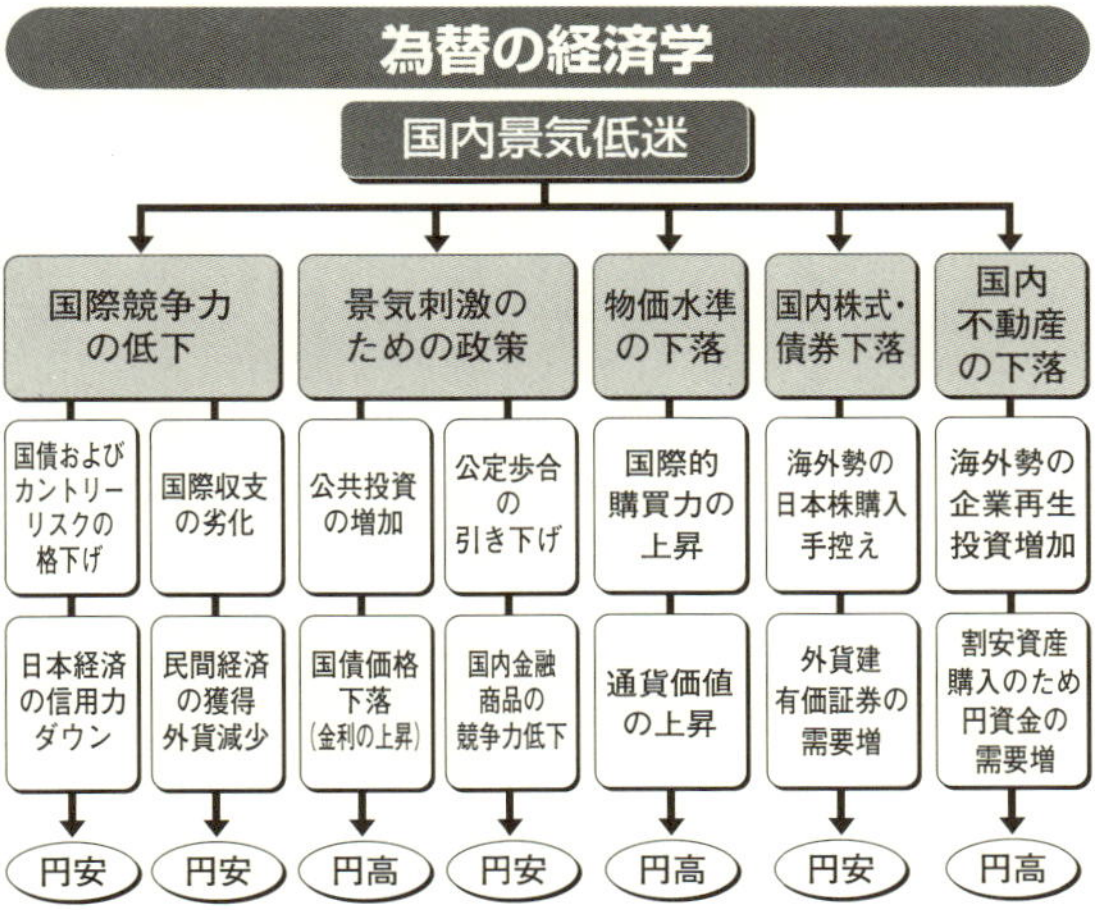

いう）に企業決算の都合によってよく観測されるため、強く作用する時期がわかります。他方で、購買力平価の為替メカニズムはあくまで自由貿易を前提にしているため、農産品のセーフティーネットやその相対である重い関税政策が敷かれると意味を成さなくなります。そして「金利引き下げ↓円安の作用」は、短期市場（MMFなどの短期金融商品）に資金が集まっているときに強く発動します。

　国際経済学的に最も大切なことは、「日本国内の事情のみで為替が決まるわけではない」ということです。円安材料が続いたとしても、同時にドル安材料が出れば為替は変わりません。モデル同士の綱引き予測も重要ですが、国家同士の綱引きもまた重要なのです。

7-10 情報戦の経済学

「公定歩合の切下げは円安を意味するのが原則」だということは前項で述べました。しかし、切り下げが「積極的な景気対策」と解釈される場合には、円高材料にもなるのです。時期や消費動向ばかりが為替に影響するわけではありません。このように政策評価などの主観的判断も為替の変動材料となるのです。

また、複数のモデルが同時に円安・円高の綱引きを行っているとも述べましたが、これはあくまで「経済法則」の話であり、為替取り引きに参加するのは人間なのです。つまり、人が把握できる情報には限度があるるため、「あまり複雑な計算はいらない」わけです。

為替の予測にあたって重要なことは「主観的判断で為替を動かす人がどう予測するか」を予測することでもあります。いい換えれば、各オピニオンリーダーの論拠となる経済学モデルを正しく把握することともいえます。そして、このようなオピニオンリーダーには次の図に挙げるような人がいます。

オピニオンリーダー

政府要人	とくに中央銀行の総裁、財務のトップ発言が注目される。総裁はたいてい公定歩合の為替メカニズムにのっとって発言する。財務トップは購買力平価説から為替の適正値を議論する
国家元首	戦争やテロなどが為替に与える影響は極めて大きく、P166～167で述べた「国の信用の為替モデル」にスイッチを入れる。戦争を示唆する発言を行えば自国通貨は下がり、テロ・自然災害を予測させる発言をしてもやはり下がる（政府要人発言による為替介入が市場に通用しない場合では、戦争関連の発言によって市場が操作されることもある）
政財界の大物	鉄鋼や製造業の代表者で、国内主要企業の元会長であることが主であり、決算期前や選挙の時期に発言する。基本は「産業にとって適正な為替」を求めるため、実需筋に基づいたモデルを主張するが、円安ほど国内企業には有利であるため、決算期である4月と10月（日本）では円安、1月と12月（米）ではドル安が主として観測される。選挙間際でも同様（正確にはその1～2カ月前）
機関投資家	証券会社や銀行の為替ストラテジストと呼ばれる。主要経済指標を引用して為替を予測することが多く、国の信用の為替モデルを意識させる。彼らのもう1つの発言根拠としては「チャート」がある。経済学モデルではなく、過去の指標推移（歴史）から未来を予測する。一方で、大口投資家の動きから為替の売り圧力・買い圧力を推測し、予測を発表する。大口投資家には年金やクォンタムファンドがある
クォンタムファンド	「社会貢献を最低限に！　儲けを最大に！」という方針の機関投資家で莫大な資金を持って通貨の買付けを行う。自ら市場の為替予測を操作できるほどの力を持っており、機関投資家に常に注目されている。政府が為替介入をした直後に相対取引を仕掛けたり、日本のゴールデンウィークやお盆休みなどで市場が閑散としている時期を狙って相場を動かしたりする
アナリスト	1年間の長期的な予測を発表することが主であり、最も外す。ただし、1国1経済の年間予測から為替の推移を考察するため、彼らの判断材料は政策者～運用担当者まで幅広く影響する。市場参加者は、アナリストが1国1経済についてどのようなシナリオを構想するのか、そのシナリオにはどのような経済モデルが主要な前提とされているのかを意識する

7-11 クルーグマンの為替論

「戦略的通商政策に反対」「アジアの奇跡は幻想である」など過激な主張を振りまいて、気鋭のオピニオン・リーダーたちと論戦を繰り広げている国際経済学者ポール・クルーグマンは、こうした領域だけでなく、為替についても積極的に議論しています。ここでは彼の為替論について取り上げましょう。

クルーグマンは、為替レートの変動が貿易に対して大きな影響を及ぼさないと主張しました。アメリカを例に挙げると、ドル安になればアメリカからの輸出が増加し、ドル高になればアメリカへの輸入が増加すると考えられます。しかし、一九八〇年代の同国を見ると、為替レートの変動が輸出入比率にそれほど影響を及ぼしていないことがわかります。

クルーグマンは、これを埋没費用と履歴効果を使って説明しています。

埋没費用とは、投資に使った費用は目的を果たすときのみ有益であって、目的を果たさなくなるとムダになるという、投資の費用の性質のことをいいます。そして履歴効果とは、

従来の為替論とクルーグマンの為替論

従来の議論では

為替レートの変動は貿易に影響を及ぼす

クルーグマンの議論では

為替レートの変動は貿易に影響を及ぼさない

埋没費用……輸出のために使った投資費用は輸出をやめるとムダになる

↓

履歴効果……為替レートが変動して輸出を控えたほうがいい状況なのに、引き続き輸出が行われてしまう

過去の経済状況や政策がなくなった後でも現在に影響を及ぼすことをいいます。

すでに日本に輸出を行っている米国企業は、日本で販売ルートを開拓したり、日本向けに製品を改良して、その製品を生産するための生産設備を購入したりするなど、日本への輸出を行うための投資を行っています。そのため、多少ドル高になった程度では日本への輸出をやめません。投資費用がムダになってしまうからです。それと同時に日本への輸出を控えたほうがいい状況にもかかわらず、引き続き輸出が行われてしまう履歴効果が働いているのです。これらの理由があるため、為替レートが変動しても貿易に大きな影響が及ばなくなってしまうのです。

COLUMN

ノーベル賞の経済学②
～不確実性・非合理性の経済学～

経済学でよく出てくる仮定は現実にはあり得ない場合が多いものです。しかし、そうした仮定を立てずには複雑な経済の法則やメカニズムを抽出することはできないのも事実です。ただ、あまりにも非現実的な仮定というのはどうでしょうか?「あまりに非現実的な仮定に基づく理論は本当に使えるのか?」という疑問を抱くのは当然のことでしょう。

二〇〇二年のノーベル賞もそうでしたが、「経済学の仮定をもっとリアルにしよう!」という研究者の受賞が相次いでいます。思えば、戦前からリカーディアンとマルキストが対立するたびに「市場は生産を適切に導く」「いや導かない」と口論を重ねてきたのです。そして本書の「生産の経済学」ではその代表的モデルを紹介しましたが、正直なところ「将来の減収を見越して生産の調節を準備する企業」は一部の超優良企業だけなのです。

「市場の完全性を主張するあまり、企業や家計を完全なものと考えていないか?」――こういう疑問が冷戦終了後、改めて問われています。たとえば、「人は未来を知らない」ということ、また「人は合理的とは限らない、組織ならばなおさら」ということ、そして「人はすべてを知ってるわけではない」というわけです。当たり前のことではありますが、経済学においても、改めてこれらの現実に即した前提を含めて考える必要があります。

また、人は完全ではないからこそ、唯一絶対の解を求めず「リスク」を意識します。さらにいうならば、リスクのアップサイドを拡大し、ダウンサイドを限定するよう努めるのです。経済学者が考えるように、単なる「利益極大行動」を重ねるわけではないのです。このように、人のミクロ経済行動はもっと現実的な前提から再構築される必要に迫られています。

実は、このような着眼点で早くから研究を重ねてきた学問は心理学なのです。かつて（今もですが）数学者による経済学への貢献が隆盛だったように、最近では心理学者による貢献が顕著になってきています。資本市場ではファンダメンタル分析（企業の実態価値）よりテクニカル分析を、さらにそれよりも「心理学アプローチ」をともてはやされているのが象徴的な傾向です。

とくに大事なことは、「心理学者は実験方法を持っている」ということです。これまで実験が不可能だと考えられてきた経済学に心理学者の知恵が加わるということは、学問そのものを大きく変える可能性があります。ミクロ経済学のゼミ生が教官に「実験はもう済んだかね？」と督促される日は近いかもしれません。

第8章
日本経済レビュー

8-1 長期で見る日本経済

日本経済の歴史を概観すると、景気の循環と経済政策の循環の様子がよくわかります。ここでの主要な視点は、「市場の開放度」と「バブルとデフレ」です。古くは、一五世紀に広くアジア圏へグローバルな市場経済を展開した後、江戸時代には鎖国による管理貿易となって経済圏は縮小し、内需主導型の経済になりました。江戸後期の幕末には市場開放圧力に抗しきれず、一八五四年には開国となりました。

明治維新を通じてグローバル経済に再度組み込まれることとなった日本は、国際金本位制の為替システムなどを採用しましたが、国際経済の中でのプレイヤーとしての発言権はまだまだ小さいものでした。大正時代における一九一四年からの第一次大戦の戦時景気によるバブルは株式バブルも引き起こしましたが、昭和の金融恐慌によりデフレへ突入。第二次大戦中の戦時統制体制は、市場経済から計画経済へと日本経済をシフトさせました。

戦後、長期の高度経済成長時代に入った日本は、変動相場制への移行に伴う円高不況と

日本経済の流れ

信長・秀吉時代	1500～1600年	アジア貿易・市場経済の展開
江戸前期	1600～1700年	鎖国による管理貿易、農業中心の内需拡大
江戸中期	1700～1800年	元禄バブルの崩壊とデフレ、享保の改革による引き締め
江戸後期	1800～1867年	外圧による開国（グローバリゼーション）
明治時代・大正時代	1868～1925年	世界経済システムの一員となる、第一次大戦によるバブルとその崩壊
昭和戦前	1926～1930年	昭和恐慌、不良債権とデフレ
昭和戦中	1931～1945年	市場経済から計画経済へ
昭和戦後	1946～1970年	高度経済成長時代、家電・自動車・消費ブーム
昭和後期	1971～1986年	グローバル化進展、円高不況
昭和バブル	1987～1990年	バブル経済、資産インフレ
平成不況	1990年～	資産デフレ、不良債権、金融危機

オイルショックを克服し、グローバル経済の主要メンバーとしての地位を確立していきました。一九八〇年代後半にふくらみ切った昭和バブルは一九九〇年代に崩壊し、長期のデフレ時代へと突入して混迷を極めています。

　こうして長期で見てみると、日本経済はバブルとデフレを繰り返して成長してきたことがわかります。戦後は基本的に成長基調できた日本ですが、これまでの手法の延長線での成長が今後も可能かどうかについては不安視されています。既存路線での限界を感じ、EU統合という離れ業により再度、世界経済でのプレゼンスを高めようとしている欧州のような大きな意識変換が日本にも必要なのかもしれません。

8-2 高度成長期の日本経済

前項では一五世紀からの日本の景気循環を見ましたが、最近の動きを一九五五年以降の高度成長・安定期・バブル以降の三期に分けて見てみましょう。戦後日本のマクロ経済最大の出来事は、高度経済成長を経験したことです。一九五五年から一九七〇年代初頭にかけて、日本経済の実質GDPは年平均一〇％以上もの高い成長を見せ、その結果、一五年間で日本のGDPは四・五倍にもなりました。この期間も日本は三回の好況・不況の波を経験してはいましたが、いずれの不況期も一～二年で底を打って回復しており、一九六七年にはアメリカに次いで世界第二位のGDP大国となりました。

高度経済成長は、活発な民間投資と貿易の伸びという二本柱により牽引されました。当時の日本企業の海外進出例としては、本田技研をはじめとするオートバイメーカーが一九五〇年代後半にアメリカに進出し、一〇年ほどでアメリカ・オートバイ市場の七割以上のシェアを獲得するまでに至ったことなどが挙げられます。

高度成長期の日本経済

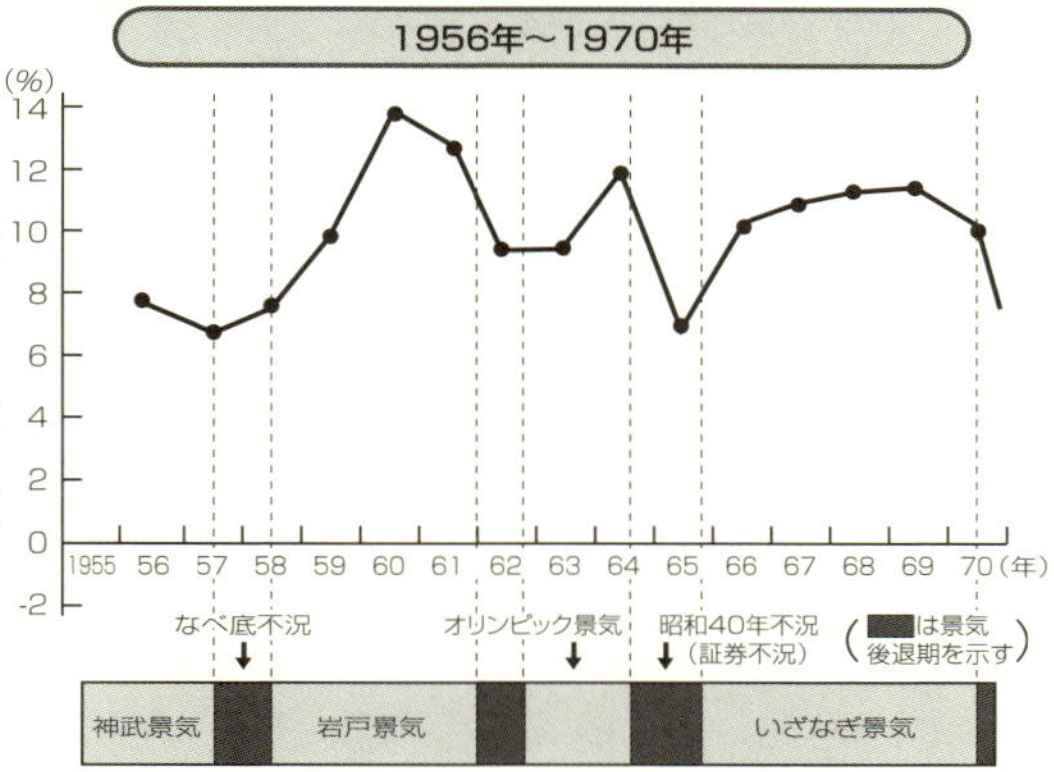

出所）井堀利宏著『マクロ経済学』ナツメ社

政府もこれらの成長を強力に後押ししました。当時の国民所得倍増計画・税制優遇措置・財政投融資などにより設備投資が刺激され、需要が喚起されていきました。そして需要の増大は乗数効果で所得を増加させ、さらなる投資を誘発するというサイクルでの長期成長を可能としたのです。このときの設備投資資金は、主に銀行による間接金融によりまかなわれました。その結果、有力都市銀行による金融系列と呼ばれる企業集団が発生しました。これらの企業集団は融資や株式の持ち合い、役員の派遣などにより密接に絡み合い、互いに安定した経営をもたらして、日本企業が長期的視野に基づいて事業を営むことを可能にしました。

8-3 安定成長期の日本経済

一九七〇年代に入ると年率二桁の成長を見せた高度経済成長は終わり、安定成長期に入りました。一九七〇年から一九八〇年半ばにかけての実質ＧＤＰの成長率は、平均四～五%となったのです。

まず、一九七一年に一ドル＝三六〇円の固定相場制度が廃止され（ニクソンショック）、一九七三年に変動相場制度に移行しました。一九七三年に始まった第四次中東戦争により、ＯＰＥＣ（石油輸出国機構）は石油価格を一バーレル三ドルから一二ドルへと、四倍に引き上げ、第一次石油危機（一九七三～七四年）を引き起こしました。日本は原油のほぼ全量を海外に依存しているためその影響は大きく、一九七四年には狂乱物価と呼ばれる激しいインフレが起こり、その年の消費者物価は二四%もの上昇を示しました。

このインフレを抑制するためにとられた厳しい総需要抑制政策のため景気は失速し、七四年に実質ＧＤＰは〇・二%のマイナス成長を経験しました。石油危機前には一%前後だっ

安定成長期の日本経済

1971年〜1985年

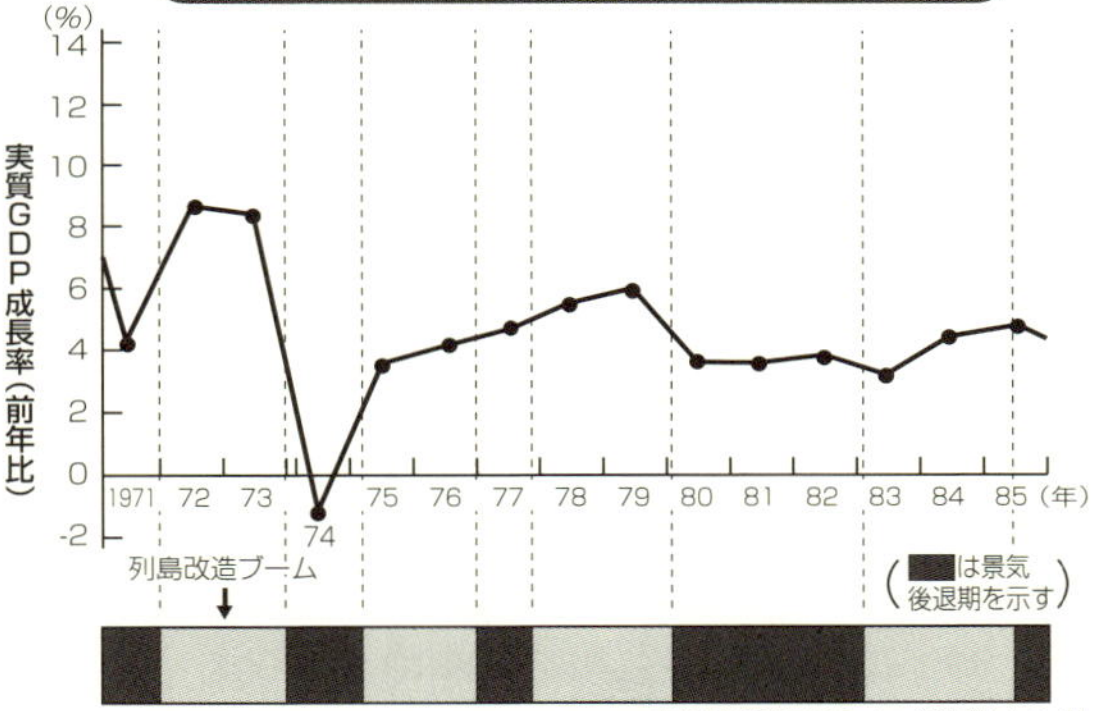

出所）井堀利宏著『マクロ経済学』ナツメ社

た失業率も二%に上昇しました。日本経済は、インフレーションと景気の後退が同時に起こるスタグフレーションに直面したのです。

一九七九年には、前年のイラン革命を契機に起こった第二次石油危機（一九七九〜八〇年）でも、やはり原油価格が一三ドルから三二ドルへ急騰し、消費者物価を八%上昇させました。このときも金融引き締め政策の実施などにより、日本の実質経済成長率は前年度比一〜二%も伸びが鈍化し、三%台へと低下しました。第一次石油危機に比べて第二次石油危機の物価上昇はそれほど大きくなかったのは、石油に依存しないエネルギーへの転換や省エネルギーの技術開発が進んでいたからだといわれています。

8-4 バブル以降の日本経済

一九八〇年代後半から一九九一年にかけて、地価や株価などの資産価格が急激に上昇しました。この時期は「平成バブル」と呼ばれています。

一九八五年九月に結ばれた「プラザ合意」後の円高不況対策と貿易摩擦解消には内需主導型経済成長が必要とされ、そのために日銀は低金利政策をとりました。公定歩合が歴史的な低水準に押さえられ、通貨供給量（マネーサプライ）が急増したことによって、資金が株や土地などのキャピタルゲインが狙える資産へと流れ込むようになり、株や地価が急上昇しました。

株価は①配当、②金利、③リスクプレミアム（リスクのある株式に投資する際に投資家が要求する利益率上乗せ分）で決まり、本来なら①が高く、②③が低くなると予想されるときに株価は上昇します。しかし、「これまで上がってきたから将来も株価は上がるだろう」と投資家が強気になると、こうした要因は冷静に判断されずに株価は上昇し、株価バブルが

バブル以降の日本経済

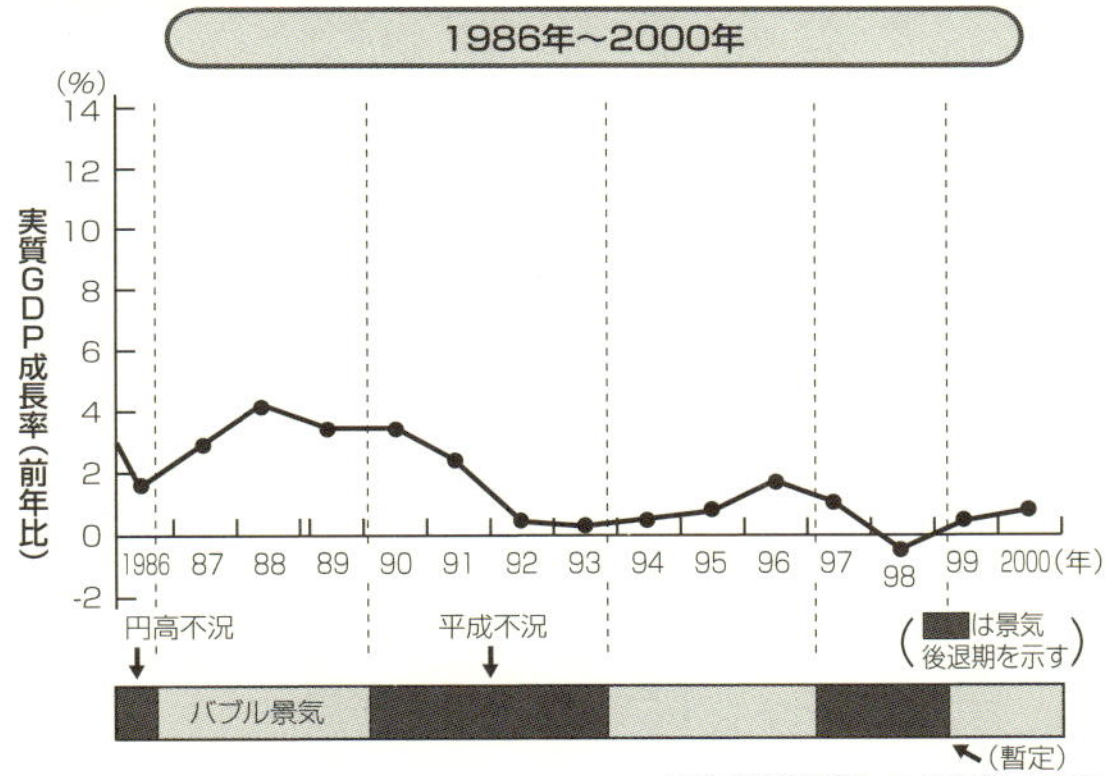

出所）井堀利宏著『マクロ経済学』ナツメ社

発生するのです。日本では資産価値の上昇により投資と消費が刺激され「バブル景気」を生み出しました。企業も個人も金融機関から借金をしてまで株や土地を買いあさり、「財テク」という言葉が流行語になりました。

一九八九年一〇月に日銀が金融引き締め政策に転換すると、高金利政策や景気の減速により株価や地価が急落（資産価格が低下）し、バブルは崩壊しました。地価と株価の下落が連鎖反応を起こして信用不安が加速され、一九九〇年代後半には金融機関の破たんが相次ぐようになりました。北海道拓殖銀行や山一証券などの大手銀行、証券会社が相次いで倒産し、金融システム安定化のため多額の公的資金（税金）が投入されたのです。

8-5 産業空洞化の進展

一九九〇年代に入り、日本でも失業が深刻な問題として取り上げられるようになりました。完全失業率は、八〇年代までは平均して二%程度だったのですが、現在は四~五%の水準にあります。失業を生み出している原因としては、景気の悪化による雇用調整もありますが、**産業空洞化**と呼ばれる現象も関係があります。

産業空洞化とは、企業が生産拠点を海外に移転したり、国内の産業自体が衰退したりして雇用が減少することです。

日本は中国や東南アジア諸国に比べて賃金水準が高く、社会保障や年金に対する企業負担も大きいため、労働者を調達する費用が高くつきます。そこで日本企業は、これまで日本で行っていた生産を、労働者の調達費用が安い中国や東南アジアで行うようになったのです。日本企業は、アメリカやヨーロッパでも生産を行っていますが、こちらは、現地のニーズに合った製品をつくるために消費者に近いところで生産するという目的のほうが強

産業空洞化とは

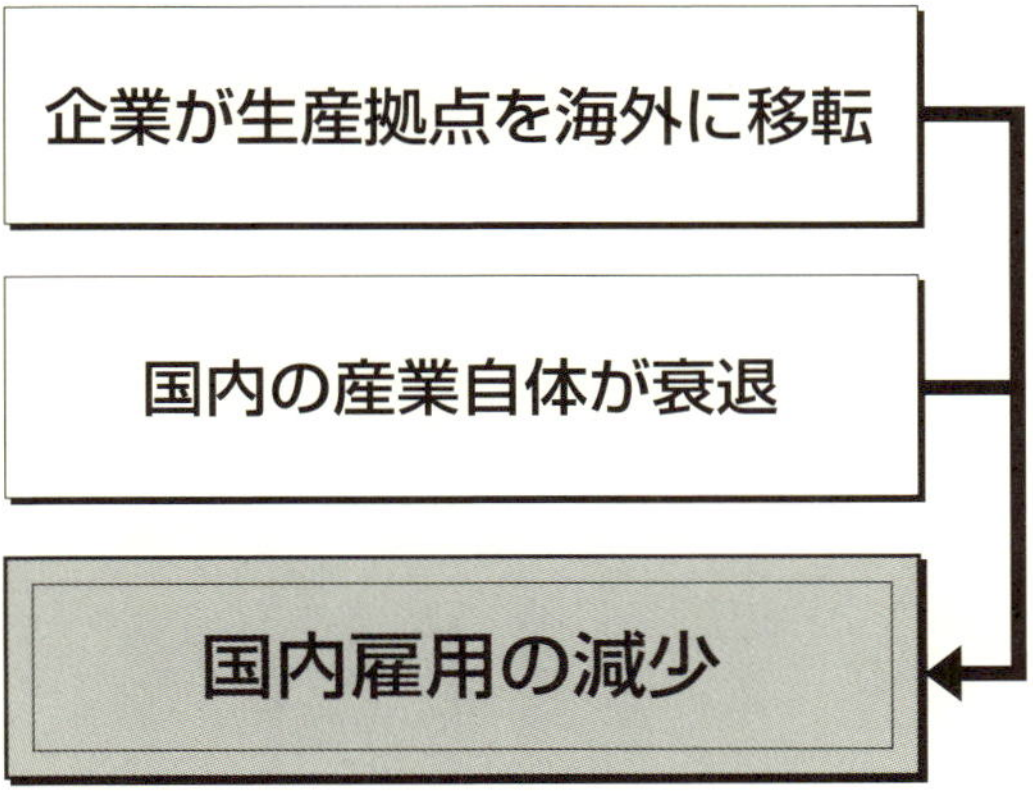
企業が生産拠点を海外に移転
国内の産業自体が衰退
国内雇用の減少

いようです。

　中国や東南アジア諸国は労働者の調達費用だけでなく、原材料の調達費用も日本に比べて安くてすむことも、日本企業がこれらの国で生産を行う大きな理由です。そしてこれらの違いは製品の価格に反映されるため、中国や東南アジア諸国の輸入品に対抗できずに衰退してしまう産業も出てくるわけです。このような企業の海外移転や国内産業の衰退は、国内の雇用を減少させることになるのです。

　こうした状況が今後大きく変化することはないため、産業空洞化はますます進展していくと考えられます。とくに問題なのは、東京や大阪などの大都市圏よりも地方圏において急速に進展していく傾向が見られることです。

8-6 円高と産業空洞化

日本において産業空洞化を進展させてきた大きな原因が円高です。一九八五年のプラザ合意以降、円は急激に上昇していきました。八五年以前の一ドル＝二四〇円前後から八六年末に一六〇円、九五年には七〇円になり、現在は一二〇円前後で推移しています。では、このような円高がどうして産業空洞化を進展させたのでしょうか？

一つは、海外市場で競争するための日本企業の戦略転換です。円高によって輸出製品がそれまでより割高になってしまい、国際競争力を低下させることになりました。また、円高によって、原材料や労働者を調達する費用も外国に比べて日本のほうが相当高くなってしまいました。このため、これまで生産のほとんどを日本で行ない、日本から海外市場に輸出していた企業は大打撃を受けることになりました。

もともと日本は原材料や労働者の調達費用が他の国より高かったので、日本企業はこの不利を経営の効率化でカバーしてきたのです。しかし、急激な円高は、国内で経営の効率

円高のインパクト

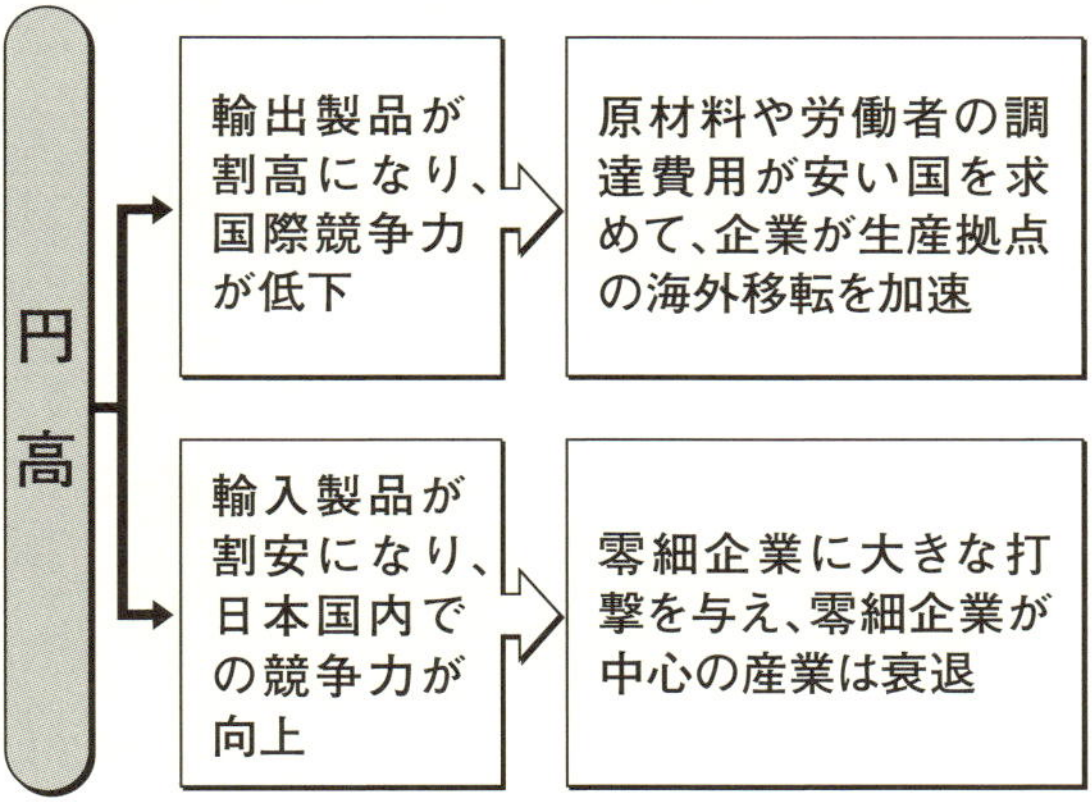
円高
輸出製品が割高になり、国際競争力が低下
原材料や労働者の調達費用が安い国を求めて、企業が生産拠点の海外移転を加速
輸入製品が割安になり、日本国内での競争力が向上
零細企業に大きな打撃を与え、零細企業が中心の産業は衰退

を追求するだけではカバーしきれず、生産の大部分を海外で行うことに関心がなかった日本企業も海外生産を迫られるようになりました。こうして日本で生産していた分が海外で生産されるようになり、産業の空洞化に拍車がかかったのです。

もう一つの原因は、円高によって日本製品より外国製品の方が割安になったことです。そのため、国内の競争で日本製品が敗れて、産業が衰退してしまったのです。とくに企業体力のない地方圏の零細企業が生産の中心を担っていた産業では、海外生産よりも産業からの撤退を選択する場合が多くなります。円高は、産業の衰退による産業空洞化も促進させたのです。

8-7 産業空洞化への対応

産業空洞化にはどのように対処すればよいのでしょうか？

確かに、輸入拡大による貿易黒字の削減などを通じて円高を抑制することは必要です。ただ、労働者や原材料を調達する費用は中国や東南アジア諸国のほうが日本より相当安いうえに、これらの国が生産する部品や製品の品質や生産性は高い水準にあります。それゆえ、日本企業が海外で生産を行うという流れは変わらず、また海外製品との競争に敗れて衰退する産業は今後も出てくるでしょう。空洞化対策として円高の抑制以上に重要なことは、国内に新技術・高付加価値産業を導入し、その担い手となる人材を育成していくことです。

現実に、日本より先に産業の空洞化が大きな問題になったアメリカでは、空洞化した部分を、ソフトウエア産業や情報サービス、医療・保険サービスなどの高付加価値のサービス産業によって埋めることができました。日本でもこうしたサービス産業は今後、成長が期待されています。では、高付加価値のサービス産業の成長を促進するためには、具体的

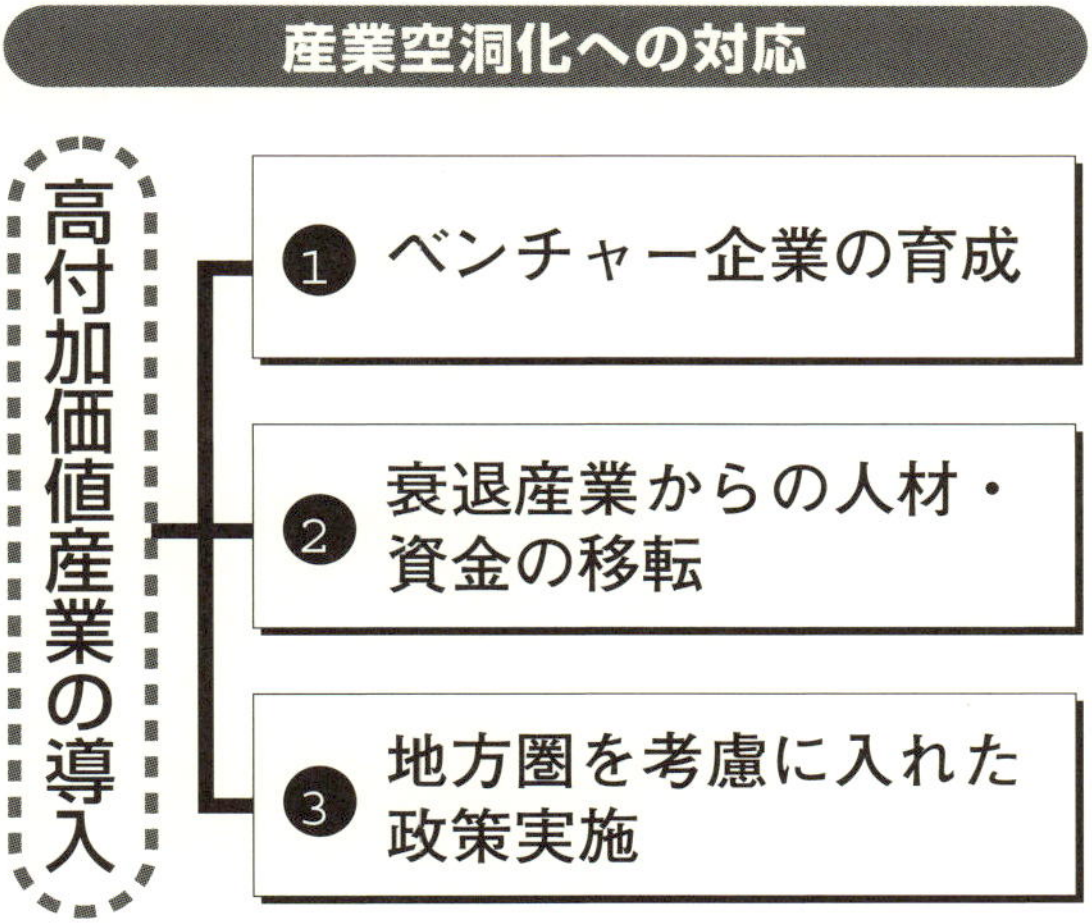
産業空洞化への対応
高付加価値産業の導入
1 ベンチャー企業の育成
2 衰退産業からの人材・資金の移転
3 地方圏を考慮に入れた政策実施

にどのような取り組みが必要とされるのでしょうか？

一つは、ベンチャー企業の育成です。高付加価値のサービス産業を担うベンチャー企業に対して、税金や融資の面での優遇措置を行う必要があるでしょう。もう一つは、衰退産業から成長が期待されるサービス産業へ、労働者をうまく移転させることです。そのためには公共職業安定所（ハローワーク）の能力を強化し、職業訓練の機会を充実させることが必要になります。さらには、産業空洞化の進展が深刻な地方圏でこうした取り組みが行なわれることが望ましいでしょう。産業空洞化への対応としては、これらを着実に実行していくことが大切です。

8-8 日本の花形輸出産業の推移

「かつての花形産業が今や衰退産業に」というのは、どこの国にもある話です。今日、日本ではテレビゲーム産業やバイオ関連産業が花形ですが、将来はどうなるかわかりません。日本の花形産業の歴史を見てみると、一九五〇年代に繊維、六〇年代に鉄鋼、七〇年代に自動車・エレクトロニクスが出てきました。八〇年代になると、繊維、鉄鋼は既に衰退産業になっていました。

日本で衰退した繊維や鉄鋼は、その後、韓国で盛んになりました。繊維産業において、五〇年代後半に日本の安い製品が大量に米国へ輸出されたことを巡って日米間で摩擦が起きたのですが、八〇年代後半には、韓国製品の日本への輸出を巡って日韓の間で交渉が行なわれるようになります。これは産業における競争力が移転していることをよく示しています。最近では半導体も日本でつくられなくなり、韓国や台湾、中国、東南アジア諸国でつくられるようになりました。

雁行形態

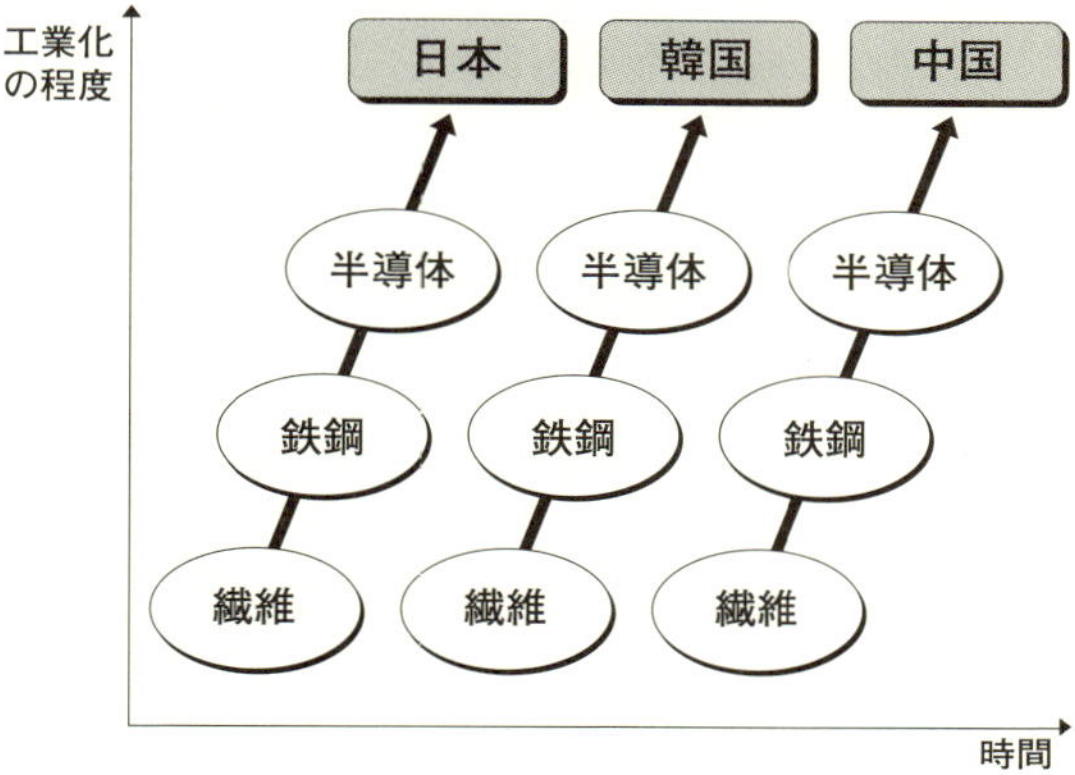

出所）南山大学経済学部編著『大人になるための経済学入門』NHK出版の図表に加筆・修正

では、かつて花形だった産業がどうして衰退していくのでしょうか？

まず、先進国から発展途上国へ花形産業の製品が輸出され、次第に発展途上国が技術を吸収して自力で製品をつくることができるようになります。先進国の製品は価格や費用の面で発展途上国の製品と勝負できないため、先進国から発展途上国への輸出がなくなっていき、発展途上国から先進国など他の国へ輸出が行なわれるようになります。こうして先進国において花形だった産業が衰退してしまうのです。この原理は、雁が集団で飛行する姿になぞらえ「雁行形態」と名づけられています。

従来の経済学では「神の見えざる手」の権能のみが取り沙汰され、その担い手である企業、またそこで働くビジネスマンの役割は無視されてきました。なぜ、人はすべてを市場から調達せずに、企業という形態をとるのでしょうか？ その理由を説明してくれるのが「取引費用」という考えです。

取り引きの交渉や実際の取り引きを行う際に必要な費用である取引費用とは「探索、交渉、監視」にかかる費用です。この費用が高い市場では、よほどの利潤が見込めない限り儲からないため、取り引きは発生しにくくなります。したがって、市場は機能しません。

たとえば——「不動産投資で利回り八%」という広告がありました。ところが、購買物件の入居者を探す費用や家賃の払い込みを監視・督促する手間、さらに数年後に買った物件を手放すときの売買交渉の代理手数料などを差し引いたら、実際の利回りはマイナスになってしまった——このようなケースです。これが当たり前である不動産投資市場であったなら、買い手は逃げ出してしまうでしょう。

取引費用に関してもう少し大きな切り口で見ると、企業の市場の中での役割が見えてきます。

ほとんどの会社には法務部や総務部、システム部、経理部、財務部があります。法務部は自社の経済行動が法律に抵触していないかどうかを、ときには弁護士事務所や弁理士事務所と相談をしながらチェックします。財務部と経理部は、監査法人やときには特殊な専門集団に顧問料を支払いながら、株主や金融機関、政府への書類を作成します。また、総務部やシステム部は、社員同士の会議や交渉事、場合によっては勤怠管理などの監視も行います。

このように企業は、市場の一部として自社を機能させるために莫大なコストをかけているのです。

これら以外にも、企業には二つの人為的コストが必要です。

人為的なコストの一つは「癒着コスト」です。「同一プレイヤー間の反復的取引は、目的（経済合理性）性喪失後も継続する」わけであり、これは企業間、企業－政府間を問わず発生する損失です。そして、もう一つは「エラーコスト」です。たとえば、株式のトレーダーが指値にて疲労のあまり売りと買いを間違えて注文してしまったところ、注文取り消しの声を出す間もなく、意地悪な他社に売買されてしまったとしましょう。このミスによって発生する損失は、数億円に上る可能性もあります。そして、このようなミスは、わりと日常的に発生しているものなのです。

市場を支えているのは企業であり、そして企業は人によって成り立つ組織です。そのため、取り引きへの処し方は決して合理的であるとは限りません。しかも、その場合、市場は経済学的に動かないのです。

ただし、企業ばかりが取引費用に影響を与えるわけではありません。「その国の住人たちが約束や契約を誠実に守る慣習を持っているかどうか」、また「治安がよく、法律を遵守する意志が固いかどうか」などの社会構造も取引費用に大きく影響します。一般に、「労働力の安いところや天然資源の豊富な国に資本を移転すべし！」という主張がありますが、その国の市場が暴走気味であるのなら、手痛い損失も覚悟しなければなりません。戦争間もない国で政府の力が弱い、旧社会主義圏で自由市場の勃興が未熟、教育が脆弱で識字率が低い……こういった国の市場分析では、ことさらその国の社会構造を注意して見る必要があります。

なお、現在ではインターネットの普及率が、その国の取引費用に影響するといわれるようになってきています。

参考資料

主な経済指標

GDP（国内総生産）

現在の日本経済の重要な感心事は、景気の回復と経済の安定成長だといえるでしょう。では、経済成長をしているかどうかは、どの指標を見ればよいのでしょうか？

最も代表的な指標は、「国内総生産（GDP:Gross Domestic Product）」で、国内で一年間に生み出される付加価値の総額（消費＋投資）のことです。前年と比べてGDPが増加していれば経済成長していることになり、マイナスであれば経済成長していないということになります。つまり、経済成長率とはGDPの増加率にほかならず、単に経済成長率というときは、一般的には物価の上昇の影響を除外した実質GDPの増加率を使用します。

では、GDPはGNP（国民総生産）とはどう違うのでしょうか？GNPは海外へ進出した日本企業などの所得を含みますが、日本において外国人や外国企業が稼いだ所得などは除外されます。一方、GDPは、国内で算出された所得であれば日本企業、外国企業問わず計算に含みます。

GDPの総生産は、需要面から見ると総支出と等価の関係にあります。つまり、GDP（国内総生産）と国内総支出は一致するわけであり、国内総支出の需要主体別の数字で示すことができるのです。国内総支出を構成している項目は、民間の個人消費や政府の支出、民間の住宅投資、企業の設備投資、輸出などが挙げられます。GDPにより、全体としての経済の伸びを把握することができますが、そのGDPの構成要素を調べることによって、経済の伸びの要因を詳細に調べることができます。なかでも、とくに需要面から見ることは重要です。

2001年 世界のGDPトップ10

	国名	
1	アメリカ合衆国	10,143.2
2	日本	3,364.5
3	ドイツ	2,185.3
4	イギリス	1,526.1
5	フランス	1,525.5
6	イタリア	1,510.6
7	メキシコ	906.7
8	カナダ	893.2
9	スペイン	844.0
10	韓国	748.4

出典）OECD

GDPの構成要素

民間の個人消費

民間の個人消費はGDPの約六〇％を占めるため、景気を読むためには最も重要な要素といえます。そして、その消費を決定しているのは可処分所得と消費性向であるため、この両方の視点で見ることが重要となります。

この点につき、総務省が発表する家計調査はとても有効な資料といえます。家計調査は全国の全世帯（学生の単身世帯を除く）を対象として資料を月次で集計し、毎月の収入や消費性向、消費者の行動、物価などの動きを把握しているからです。

この中でも、物価は個人の消費を揺さぶる

大きな要因です。また、経済成長率が高くても、物価の上昇が著しければ、その成長率はその物価の上昇分相殺されてしまいます。前項で「単に経済成長率というときには、一般的に物価の上昇の影響を除外した実質ＧＤＰの増加率を使用する」と述べたのはそのためです。

なお、物価の代表的なものは「消費者物価指数」と「企業物価指数」です。消費者物価指数は総務省が毎月発表しており、消費財の小売価格の変化を見るのに適しています。一方、企業物価指数は日銀が発表しており、企業間で取り引きされる商品価格の変化を見るのに適しています。

日本のＧＤＰの構成要素（2002年）

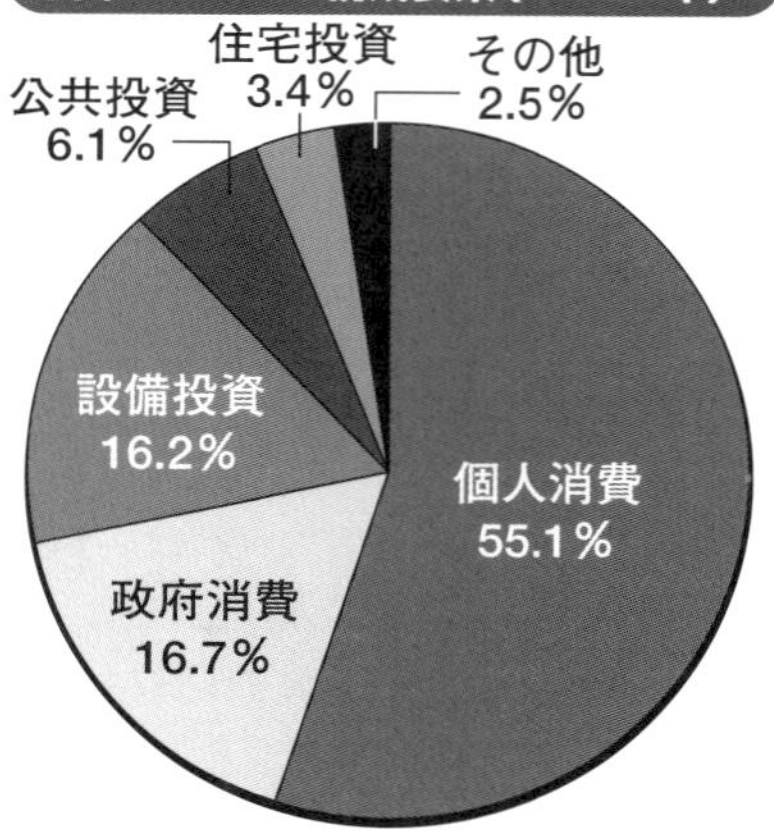

設備投資

設備投資はＧＤＰの約一六％を占めており、重要な要素のうちの一つです。その動向を見るためには、ＧＤＰの民間企業設備投資を見て、時系列的に比較を行います。
企業の設備投資において重要な指標は機械受注です。機械を受注することによって生産能力が向上するため、景気の先行指標として重要な意味を持つからです。機械受注については、船舶・電力を除く主要機械などを製造する製造業者約三〇〇社を対象とした統計が、内閣府から月次で出されています。

景気動向指数

景気の動向を見るための指標です。

日銀短観

日銀短観は、全国企業短期経済観測調査の略称です。これは、全国の主要企業の経営者の景気の認識や投資計画をアンケートでまとめたものです。
日銀が金融政策運営の参考にするために四半期ごとに実施していますが、調査時点から発表まで一カ月程度と時間的乖離が少ないため、景気の動向を探るのには欠かせない指標だといえます。日銀短観では業況判断や製品需要、製品在庫水準などに関する企業の判断を指数（ＤＩ）として算出しているので、景気や物価の動向を把握することができます。

景気動向指数

内閣府が毎月発表している景気動向を把握するための総合指標です。景気の転換局面を把握するための景気指標ともいえます。生産指数や労働投入量指数など、三〇の景気関連指標について季節調整済みのデータを、それぞれ三カ月前の水準と比較して上回っていればプラス、下回っていればマイナスとし、プラスとなった個別指標が全指標三〇のうちどれだけあったかを百分比で表します。

指数は、景気実態のタイムラグを考慮に入れており、新規求人数など景気に先行して動く指標である「先行指数」（一二）、百貨店販売額など景気の動向と連動して動く指標である「一致指数」（一一）、実質法人企業設備投資など景気に遅れて動く「遅行指数」（七）の三つのグループに分かれています。この三グループの指数により、景気の現状や先行き、転換点を把握することができます。一致指数の場合、プラスとなった個別指標が五〇％を超えれば、景気が上昇過程にあると判断されます。逆に、プラスの指標が半分以下であれば、景気は下降過程にあると判断されます。

景気動向指数の詳細

先行指数(12)	
最終需要財在庫率指数（逆サイクル）	消費者態度指数
鉱工業生産財在庫指数（逆サイクル）	日経商品指数（42種総合）
新規求人数（除学卒）	長短金利差
実質機械受注（船舶・電力除く民需）	東証株価指数
新設住宅着工床面積	投資環境指数（製造業）
耐久消費財出荷指数	中小企業業況判断来期見通し（全産業）

一致指数(11)	
生産指数（鉱工業）	百貨店販売額
鉱工業生産財出荷指数	商業販売額指数（卸売業）
大口電力使用量	営業利益（全産業）
稼働率指数（製造業）	中小企業売上高（製造業）
所定外労働時間指数（製造業）	有効求人倍率（除学卒）
投資財出荷指数（除輸送機械）	

遅行指数(7)	
最終需要財在庫指数	法人税収入
常用雇用指数（製造業）	完全失業率（逆サイクル）
実質法人企業設備投資（全産業）	国内銀行貸出約定平均金利（新規分）
家計消費支出（全国勤労世帯、名目）	

株式市況

株式市場の動きは、景気の先行きを見る指標として重要なものです。なぜなら、株価は経済や政治のさまざまな要因を加味して決まるからです。たとえば、先行き不透明なときなどは、それがすぐに株価の下落として反映されたりするのです。

一般に、株式市場の動きを示す指標としては、東京証券取引所第一部のデータが使われます。このデータを用いる理由としては、東京証券取引所が日本の株式取引の中心だからです（国内に五カ所ある証券取引所のうち、東京証券取引所の国内株式の売買代金シェアは九〇％を超えている）。

使われている指標を具体的に挙げると、日経平均株価、ＴＯＰＩＸ（東証株価指数）、時価総額売買高、売買代金、利回り、株価収益率（ＰＥＲ）、株価純資産倍率（ＰＢＲ）などです。この中で最も代表的な指標が「日経平均株価」でしょう。これは、ニュース番組や新聞を見聞きしていれば、一度は目にする用語ではないでしょうか。

日経平均株価とは、アメリカのダウ・ジョーンズ社が開発した「修正算式を用いて算出した東京証券取引所第一部上場銘柄のうち、市場を代表する二二五銘柄の平均株価」のことです。これは、長期にわたる株式市場の推移を見ることができます。二〇〇〇年の四月には、二二五種ある構成銘柄の選定基準を大幅に見直し、三〇銘柄の入れ替えを行いました。

入れ替えの目的は、これまで以上に市場の流動性の高さを重視することと、売買高あたりの価格変動率を考慮に入れて市場全体の動きを反映しやすくすることにありました。

東証第一部のデータのほかに、東京証券取引所第二部や店頭市場（ジャスダック）の株価の推移なども見ておくと、景気の先行きがよりつかめるようになるでしょう。

なお、これらのデータは東洋経済新報社の『経済統計年鑑』や『東洋経済統計月報』、経済企画庁の『経済要覧』などに一括掲載されています。入手するには、これらを見るとよいでしょう。また、日本経済新聞の月曜朝刊の景気指標欄や総務省のホームページも参考になります。

日本の主要な株価指数

日経平均株価	東証一部上場銘柄のうち、代表的な225銘柄の平均株価。 日本経済新聞社が銘柄を選定・算出。
TOPIX（東商株価指数）	東証一部上場銘柄の時価総額加重平均による株価指数。 東京証券取引証が算出。
JASDAQ指数	ジャスダック（店頭）市場に登録されている全銘柄（日本銀行をのぞく）の時価総額加重平均による株価指数。 株式会社ジャスダックが算出。

■参考文献一覧

『国際経済紛争と多国籍企業』　多国籍企業研究会著／江夏健一編（晃洋書房）

『理論とケースで学ぶ国際ビジネス』　IBI国際ビジネス研究センター著／江夏健一十桑名義晴編著（同文館出版）

『グローバリズムと日本企業』　洞口治夫著（東京大学出版会）

『ゼミナール 現代金融入門』　斎藤精一郎著（日本経済新聞社）

『入門マクロ経済学（第3版）』　中谷　巌著（日本評論社）

『痛快！ 経済学』　中谷　巌著（集英社インターナショナル）

『現代経済学（第2版）』　水野正一十河合宣孝十竹内信仁編著（中央経済社）

『初心者のためのやさしい経済学』　塚崎公義十山澤光太郎著（東洋経済新報社）

『図解雑学 マクロ経済学』　井堀利宏著（ナツメ社）

『新経済学ライブラリ4 ミクロ経済学』　武隈愼一著（新世社）

『サムエルソン 経済学〈上・下〉』　P. サムエルソン十W. ノードハウス著／都留重人訳（岩波書店）

『為替レートの謎を解く』　ポール・クルーグマン著／伊藤隆敏訳（東洋経済新報社）

『ゼミナール 国際経済入門（改訂2版）』　伊藤元重著（日本経済新聞社）

「経」2002年11月号　「経済思想ゼミナール　第14回」小室直樹著、「今こそ、ケインズとシュンペーターに学べ　第14回」吉川　洋著（ダイヤモンド社）

Nobel e-Museum（The Official Web Site of The Nobel Foundation）

■監修
江夏　健一（えなつ　けんいち）
早稲田大学副総長（常任理事）、商学部教授。消費者金融サービス研究学会会長、早稲田大学消費者金融サービス研究所所長。専門は国際ビジネス、ニュービジネス論。著書に『多国籍企業要論』（文眞堂／昭和59年度日本経営科学文献賞受賞）、『現代クレジット社会を考える』（シーエーピー出版）、監修に『多国籍企業と雇用問題』（国際書院）など多数ある。

■著者
グローバルタスクフォース株式会社
世界18カ国の主要ビジネススクール57校が共同で運営するＭＢＡキャリア支援会社「Global Workplace」（本部：ロンドン）を母体とする戦略子会社。日本では雇用の代替としての非雇用型人材支援サービス「エグゼクティブスワット」を展開し、多くの実績を持つ。ＷＥＢサイト「日経 Biz C. E. O.」を日経グループと共同で運営。著書は「通勤大学ＭＢＡ」シリーズ、『あらすじで読む世界のビジネス名著』『ポーター教授「競争の戦略」入門』『就活の鉄則』（以上、総合法令出版）、『図解 わかる！ＭＢＡマーケティング』（ＰＨＰ研究所）、『ＭＢＡ速読英語』（大和書房）ほか多数。

■執筆・構成協力
池上　重輔（いけがみ　じゅうすけ）
BCG、GE、ソフトバンクなどを経て現在ニッセイ・キャピタル株式会社チーフベンチャーキャピタリスト。英国国立シェフィールド大学大学院にて国際政治経済学論修士号。英国国立ケンブリッジ大学経営管理学修士（MBA）。

安部　徹也（あべ　てつや）
大手金融機関を経て米サンダーバード国際経営大学院日本校勤務。米サンダーバード国際経営大学院経営管理学修士（MBA）。

高橋　意知郎（たかはし　いちろう）
早稲田大学商学部卒、早稲田大学大学院商学研究科　博士後期課程。

橘　幸志（たちばな　こうじ）
ソフトバンクファイナンスを経て、ソフトバンクインベストメント戦略企画部アシスタントマネジャー。英国国立ケンブリッジ大学開発学修士（M.Phil in Development Studies）。

佐野　慶介（さの　けいすけ）
一橋大学大学院経済学研究科修了。

通勤大学文庫
通勤大学MBA9　経済学
2003年5月8日　初版発行
2010年3月8日　6刷発行

監　修　江夏健一
著　者　グローバルタスクフォース株式会社
装　幀　倉田明典
イラスト　田代卓事務所
発行者　野村直克
発行所　総合法令出版株式会社
〒107-0052　東京都港区赤坂1-9-15
日本自転車会館2号館7階
電話　03-3584-9821
振替　00140-0-69059
印刷・製本　祥文社印刷株式会社
ISBN978-4-89346-793-5

総合法令出版ホームページ　http://www.horei.com/

通勤大学文庫

◆MBAシリーズ

『通勤大学MBA1　マネジメント』 850円
『通勤大学MBA2　マーケティング』 790円
『通勤大学MBA3　クリティカルシンキング』 780円
『通勤大学MBA4　アカウンティング』 830円
『通勤大学MBA5　コーポレートファイナンス』 830円
『通勤大学MBA6　ヒューマンリソース』 830円
『通勤大学MBA7　ストラテジー』 830円
『通勤大学MBA8　[Q&A]ケーススタディ』 890円
『通勤大学MBA9　経済学』 890円
『通勤大学MBA10　ゲーム理論』 890円
『通勤大学MBA11　MOT－テクノロジーマネジメント』 890円
『通勤大学MBA12　メンタルマネジメント』 890円
『通勤大学MBA13　統計学』 890円
『通勤大学MBA14　クリエイティブシンキング』 890円
『通勤大学実践MBA　決算書』 890円
『通勤大学実践MBA　事業計画書』 880円
『通勤大学実践MBA　戦略営業』 890円
『通勤大学実践MBA　店舗経営』 890円
『通勤大学実践MBA　商品・価格戦略』 890円
グローバルタスクフォース＝著

◆基礎コース

『通勤大学基礎コース　「話し方」の技術』 874円
大畠常靖＝著
『通勤大学基礎コース　国際派ビジネスマンのマナー講座』 952円
ペマ・ギャルポ＝著
『通勤大学基礎コース　学ぶ力』 860円
ハイブロー武蔵＝著
『通勤大学基礎コース　相談の技術』 890円
大畠常靖＝著

◆法律コース

『通勤大学法律コース　手形・小切手』 850円
『通勤大学法律コース　領収書』 850円
『通勤大学法律コース　商業登記簿』 890円
『通勤大学法律コース　不動産登記簿』 952円
舘野　完ほか＝監修／ビジネス戦略法務研究会＝著

◆財務コース

『通勤大学財務コース　金利・利息』 890円
古橋隆之＝監修／小向宏美＝著
『通勤大学財務コース　損益分岐点』 890円
平野敦士＝著
『通勤大学財務コース　法人税』 952円
鶴田彦夫＝著

※表示価格は本体価格です。別途、消費税が加算されます。